图书馆学
论文选集

Selected Works
in Library Science

陈源蒸　著

知识产权出版社
全国百佳图书出版单位
—北京—

图书在版编目（CIP）数据

图书馆学论文选集 / 陈源蒸著 . — 北京：知识产权出版社，2025.6. — ISBN 978-7-5130-9977-6

Ⅰ . G250.1-53

中国国家版本馆 CIP 数据核字第 20253RZ039 号

内容提要

本书是一本探讨图书馆学各重要领域发展的论文集。书中涉及的主题包括图书馆学的研究对象与基本理论、图书馆自动化与数字化、情报服务以及计算机在图书馆工作中的应用等。

本书为图书馆学研究者提供了有关图书馆发展、自动化、数字化等方面的宝贵理论和实践参考。

责任编辑：阴海燕　　　　　　　　责任印制：孙婷婷

图书馆学论文选集

TUSHUGUAN XUE LUNWEN XUANJI

陈源蒸　著

出版发行：知识产权出版社 有限责任公司		网　　址：http://www.ipph.cn	
		http://www.laichushu.com	
电　　话：010-82004826			
社　　址：北京市海淀区气象路 50 号院		邮　　编：100081	
责编电话：010-82000860 转 8693		责编邮箱：laichushu@cnipr.com	
发行电话：010-82000860 转 8101		发行传真：010-82000893	
印　　刷：北京中献拓方科技发展有限公司		经　　销：新华书店、各大网上书店及相关专业书店	
开　　本：720mm×1000mm　1/16		印　　张：14	
版　　次：2025 年 6 月第 1 版		印　　次：2025 年 6 月第 1 次印刷	
字　　数：178 千字		定　　价：68.00 元	

ISBN 978-7-5130-9977-6

目 录

关于"要素说"及图书馆学的研究对象[*]

——纪念刘国钧先生逝世 25 周年

一、问题的提出

当今社会,大概没有任何一个别的学科像图书馆学这样"兼容并包",能够将各种各样的理论体系与图书馆学融合,形成新的立论,自成一家之言。仅仅关于图书馆学研究对象的不同观点就有 50 多种,面对这种多元化状态,人们"似乎搞不清楚图书馆学到底是什么",就连"图书馆是由哪些要素组成的?这个看似简单的问题今天仍众说纷纭,莫衷一是"。数字图书馆概念传入我国以后,图书馆学的研究更加活跃、更加繁荣,所论更是五花八门,令人眼花缭乱。业内有识之士不由感叹:"我们需要什么样的图书馆学?"面对这种状况,我们自然想起刘国钧先生的《什么是图书馆学》,在目前情况下,需要重新学习《什么是图书馆学》,以明确我们的研究方向。

重新学习《什么是图书馆学》,我是深怀愧疚之心的。在 1958 年的学术批判高潮中,我们几个对图书馆学尚不很了解的学生,以阶级

* 本文发表于《中国图书馆学报》2006 年第 4 期。

斗争论为武器，对该文进行了批判。40多年来，在工作与学习中，我不断从先生的理论遗产中吸取营养，以弥补过去的损失。但因偏于计算机技术的应用，在纪念先生百年诞辰的文章中，对批判"方法中心论"的错误有所说明，但理论问题则因学习较少，未及时清理。因此，这次重新学习，一方面进一步理解刘先生的学术思想，另一方面对自己的错误认识作一次深入梳理，以祛除心病。为此，我也选读了有关论著，更鼓起了进行自我批判的勇气。

二、"要素说"标签的由来

刘先生《什么是图书馆学》一文的中心思想是："总体说来，图书馆学就是关于图书馆的科学。也就是研究图书馆事业的性质和规律及其各个组成要素的性质和规律的科学。"这里，前一段话讲的是图书馆学研究的对象，后一段话说的是图书馆学研究的内容。他认为，"图书馆事业有五项组成要素：①图书，②读者，③领导和干部，④建筑与设备，⑤工作方法。很显然，五者之中缺少任何一项，就不能有图书馆的存在。因此，图书馆学必须对这些要素分别进行深入的研究……以上所说的种种研究合起来构成图书馆学的整个内容。"在对这五个组成要素分别论述后，刘先生指出，"现代图书馆之所以成为科学的事业，就因为它具有一套独特的科学工作方法。所以这方面的研究是图书馆学的中心。"他又说明，"由于它的重要性，这项研究有时就被人认为是整个图书馆学而这样来称呼它。但精确地说来，这只是图书馆管理和利用的理论和方法，它只是图书馆学的一个部分而不是全体。"

我们把研究对象与研究内容混为一谈，对"图书馆学就是关于图书馆的科学"的说明视而不见，断章取义。"刘先生认为五'要素'就是图书馆事业，深入地研究这五'要素'，即掌握了图书馆学""要素说"的提出由此而来。"结果造成图书馆学研究对象的扩大化、复杂化，一定程度上引起认识上的混乱。"

也有学者对此提出疑问，其中邱五芳的《历史回顾与现实思考——重读〈什么是图书馆学〉》一文，更是旗帜鲜明地为刘先生辩解，认为《什么是图书馆学》是新中国图书馆学的奠基之作，不是什么"要素说"的典型。邱五芳还诘问："到底从何时起，《什么》被冠以'要素说'？笔者没有找到原始的资料。"显然邱五芳没有见到我们那篇批判文章，这一历史错案，源头就是那篇批判文章。当时的论点是，"图书馆学无疑是属于社会科学范畴的。社会科学是阶级斗争的科学，它有着鲜明的阶级色彩。而刘先生把这样一门科学的阐述完全抽去其阶级内容，我们在五千多字的文章里，根本找不到一个'党性''阶级''阶级斗争''政治'等字眼。"并指出，"图书馆这些'要素'不仅仅是社会主义国家图书馆所独有的，而且资本主义国家图书馆也有，就连封建王朝图书馆也有。把这些东西搬来凑成图书馆学，也就使图书馆学丧失了阶级性和科学性内容。"

尽管邱五芳作了有力的辩解，但其后的一些著作，仍然以刘先生为"要素说"代表，真是"积重难返"。"解铃还须系铃人"，我们在此进行严肃的自我批评，纠正过去的错误认识。也诚恳地希望学术界从此改变对《什么是图书馆学》的评价，对图书馆学研究对象"要素说"的提法有一个清楚、正确的理解。

三、提出"图书馆学研究对象是图书馆"的第一人

关于图书馆学的研究对象，刘先生在《什么是图书馆学》一文中，明确提出"图书馆学就是关于图书馆的科学"，"图书馆学所研究的对象就是图书馆事业及其各个组成要素"。在《图书馆学要旨》一书中，刘先生也是说："什么是图书馆学？图书馆学便是研究图书馆的组织法、管理法和使用法的学科。所以要明了图书馆学的真性质，就要先知道什么是图书馆。"

在程鹏的"中国图书馆学代表学说"表中，所列诸说多数指的是研究内容，并非研究对象。茅振芳曾逐一解析，说明其非。当前学术界的主流观念，比较认同"图书馆学的研究对象是图书馆"，只是代表人物没有刘先生。所以现在应当还历史本来面貌，确定刘国钧先生是提出"图书馆学研究对象是图书馆"的第一人，其后各种论述只是对刘先生学术思想进行诠释或补充。

有些学者不同意以图书馆为图书馆学的研究对象，如"资源说"论者就认为，"因为图书馆是一种动态的信息资源体系，所以，图书馆学的研究对象是动态的信息资源体系。"这段话有同义反复的意思，既然同义何必另设新词。论者关于"以机构命名的不科学性"的分析不能服人，学科的命名除了科学性以外，还有个约定俗成的原则。例如，有博物馆学，无博物学；有档案学，无档案馆学；有情报学，无情报所学。什么道理？有待方家论证。既有图书馆学，又有图书学，但是能以图书学代替图书馆学吗？那是以局部代替整体了。论者关于"资源说"的阐述，只是较为深入地讨论了图书馆学的一个方面，不能作为整体的图书馆学理论。

有人提出,"图书馆学的研究对象是知识集合",但论者又表示,"图书馆学以知识集合为研究对象,并不是说图书馆学仅仅研究知识集合,它还要研究客观知识(主要是文献知识)和知识受众。"这似乎是"书、人、法"三要素新的阐述。

另一个不同见解是:"图书馆学的研究对象是文献信息流、图书馆、读者(用户)。"关于文献信息的产生,另有所属学科;读者则是图书馆的一个组成要素。此论层次不清,与确立学科对象的基本原则不符。

四、关于图书馆学研究的内容

刘先生认为,图书馆学是研究图书馆事业的性质和规律及其各个组成要素的性质和规律的科学。他对图书馆学研究内容所下定义是科学的,符合社会发展规律,直到今天仍然具有生命力。刘先生的思想,实际上包含了后人所讨论的方方面面。

首先,"研究图书馆事业",刘先生认为"图书馆是客观存在着的一种事业,是人类社会生活现象之一。这种现象,这种事业,深刻地影响着我们的生活——学习生活、文化生活、科学研究生活。既然如此,难道不应该弄明白它的性质、它的发展规律、它的各个组成要素及其规律吗?"有学者言,"刘先生是提出'事业说'的第一人"。

其次,"研究图书馆事业的性质",刘先生在《什么是图书馆学》一文中对此没有具体论述,他那时提出图书馆的信息属性是不可能的,在《图书馆学要旨》中比较多的是强调图书馆的教育功能,后人关于图书馆信息交流作用的说明,补充与丰富了这方面的内容。

再次,"研究图书馆事业的性质和规律",刘先生指出:"人类社会之有图书馆是随着人类社会的发展而来的。在我国，图书馆的存在已有上千年了。在一定的历史时期中，它具有一定的性质，起着一定的作用。"后人的研究进一步说明，"图书馆学是研究图书馆事业的发生发展、组织形式及它的工作规律的一门科学。"

刘先生对事业、性质、规律都有涉及，对组成要素的分析更为深入，具体论述了各个要素的内容，并说明了各组成要素相互间的关系，指出"工作方法的研究是图书馆学的中心"。

需要说明的是，刘先生是将图书馆这一整体作为图书馆学的研究对象，而把各组成要素看作图书馆学的分科。《图书馆学要旨》对此有明确的叙述。

因此，刘先生关于图书馆学研究内容的阐述是非常全面的。笔者认为在我国图书馆学思想史上，应当充分肯定刘国钧先生关于图书馆学研究对象及研究内容所下的定义，全面阐述其学术思想，力求在学术界取得共识，改变"一味追求多元化"的倾向，利于图书馆学研究的健康发展。

肯定刘先生的学术思想，并不意味着刘先生的论述完美无缺，更不是说关于图书馆学研究对象及研究内容的探讨就此结束。任何一门科学，都要随着社会的发展而发展。对不同意见仍要展开讨论，例如对"目录学和图书管理学是图书馆学的两根重大支柱"的提法，许多人并不认同。只是在讨论中不要将实际上不存在的事情（如认为刘先生是"要素说"的代表）作为论据。

五、全面评价刘国钧图书馆学思想的现实意义

"图书馆学主要由基础理论和应用技术两大部分组成。"刘先生在

这两方面都做出了重大贡献，达到了他所处时代的高峰。

在基础理论上，刘先生 1921 年发表《近代图书馆之性质及功用》，1934 年出版《图书馆学要旨》，1957 年发表《什么是图书馆学》，在几个不同历史阶段，提出并完善了他的图书馆学思想。

1921 年，"新图书馆运动"开展不久，刘先生步入图书馆事业之初，在论文中即追求"今日之图书馆即使人人得利用其所藏之书为目的者也"。当时就以"自动化、社会化、平民化"三语描述图书馆之性质，认为"图书馆为社会所不可缺之制度"。

1934 年刘先生从美国学成归国，潜心钻研，编制出版了《中国图书分类法》与《中国图书编目条例草案》两部巨著，进而系统地阐述了其图书馆学思想。他认为要明确图书馆学的真正性质，就要先知道什么是图书馆。他进一步说明在 1921 年已形成的认识："现代图书馆是自动的而非被动的，使用的而非保存的，民众的而非贵族的，社会化的而非个人的。""总之，现代图书馆的目的是使人和书发生有机的关系，要使社会上无不读书的人，馆内无不被人读的书。"

1957 年新中国图书馆事业有了一定的发展，在"百家争鸣""百花齐放"的号召下，刘先生全面阐述了图书馆学的研究对象与研究内容，并指出"图书馆学有其实践的目的——改变现实使它更合乎人们的理想。它企图改造的现实乃是人们的文化生活，人们的思想、知识、技能，乃是人类社会生活中的重要现象"。

从刘先生在几个不同时期阐述的图书馆学思想，可以看出刘先生充满了"理想主义"与"人文精神"，他是怀着"教育救国"热情，力图以图书馆事业之发展，改造社会，实现社会进步、人类平等之理想。他强调平民化是向着劳动阶级，他强调社会化是为了社会上每一个人，他研究图书馆学的目的是改变现实使它更合乎人们的理想。他努力研究管理图书馆的各种方法，都是为了达到这一理想："图书馆乃是以搜罗人类一切思想与活动之记载为目的，用最科学、最经济的方法保存它们，以便利社会上一切人使用的机关。"

在图书馆科学方法上，刘先生致力于研究描述与揭示文献内容的科学方法，从而把所有文献有序地组织起来，使读者能方便地查找、应用，以达到其目的。在刘先生的学术活动中，对于科学方法的研究占据了主要地位，并且他终生坚持这方面的实际工作。

在《什么是图书馆学》一文中，刘先生强调："现代图书馆之所以成为科学事业，就因为它具有一套独特的科学工作方法。所以这方面的研究是图书馆学的中心。"这是刘先生图书馆学思想的精髓所在。早在《图书馆学要旨》一书中，刘先生即说明："狭义的图书馆学往往只指着最后一项，就是所谓图书馆管理法。这项方法确是新图书馆运动兴起以后的产物。今日图书馆所以能成为一种社会力量，能负改进社会提高学术的责任的，都由于我们对图书馆有一种新的观念；而表达这新观念最充分最有力的就是这新式管理法。"这是图书馆工作和图书馆学有别于其他事物和学科的地方。

1929 年编制出版了《中文图书分类法》（我国现代图书分类法学史上影响最大的一部分类法）与《中文图书编目条例草案》（是当时各馆制定中文图书编目规则的重要依据），1957 年编写了融分类与编目理论于一体的经典教材《图书馆目录》，并参加了《中小型图书馆图书分类法》与《中国图书馆图书分类法》的编制工作。

1975 年发表《'马尔克'计划简介——兼论图书馆引进计算机问题》，在我国图书馆界研究应用计算机伊始，第一次较为全面地介绍了美国国会图书馆的研制成果——MARC（机器可读目录），指出"图书馆工作全盘自动化，就现在的科学技术来说，是不会太远的"。1977年又发表《用电子计算机编制图书目录的几个问题》，阐述了对汉字编码、多文种字符集、文献著录标准与机读目录格式进行研究的要点。刘先生以他在图书馆学科方法上的高深造诣，指出了应用新技术的明确方向。

无论从刘国钧先生在图书馆学研究上的巨大成就，还是从他在20世纪20年代到80年代学术生涯的巨大跨度，他都称得上是我国现代图书馆学的奠基者，是理论与技术融合、跨学科研究和理论与实际相结合的典范。

长期以来，不仅"刘国钧研究竟成了我国图书馆学术研究的一个盲点！"，而且刘国钧先生"被公认为'要素说'典型，颇受非议"。即使对先生极其肯定的学者，也只是注重阐述各种具体的学术研究成果，对他充满"人文精神"和"科学方法"的学术思想，则很少提及，说明了当代学人在这方面的忽略。一方面有人认为："西方图书馆学理论注重人文价值取向和制度实证研究的取向，而中国图书馆学理论则注重技术价值取向和机构实证研究取向。"另一方面许多人只是进行编目与分类方法的研究，很少涉及将无序信息资源进行有序整合的科学方法理论。理论研究的欠缺，在实际工作中也产生了诸多负面影响。

因此，全面评价刘先生的图书馆学思想，弘扬他在图书馆学研究上所取得的非凡成就，不仅有重要的理论意义，而且有极大的现实意义。今年是先生逝世25周年，谨以此文纪念先生。

开展宏观图书馆学的研究 *

　　宏观与微观是相对而言的，微观图书馆学主要研究图书馆业务的处理技术，以及这些技术方法的理论基础。宏观图书馆学则是从图书馆事业的整体去研究各项业务的社会化问题，而且研究图书馆与社会的关系、与文献信息系统的关系、图书馆事业的同族关系（指图书馆之间的关系），等等。

　　宏观与微观是图书馆学研究的两个不同侧面，微观研究是图书馆学存在的基础，是其学科特点的体现，但只有微观的研究又不够，视野比较狭窄，社会影响小，生命力不足。过去图书馆学研究较多偏重微观，致力宏观甚少，这对事业建设不利。现在情况开始好转，已有不少同志写出了有见解的文章，1985 年出版的《图书馆学概论》（吴慰慈、邵巍编著，书目文献出版社）一书，提出"图书馆的研究对象应当包括微观与宏观两个方面"。加强宏观图书馆学研究的时机更加成熟了。

—

　　图书馆是社会的一个有机组成部分，在当前两个文明的建设中，图书馆做了许多工作，但宣传得不够，社会上不太了解，没有做到互

*　本文发表于《图书情报研究》1986 年第 1 期。

相沟通，这与我们研究图书馆与社会的关系不够深入有关。图书馆与社会是什么关系？与两个文明建设是什么关系？与各行各业是什么关系？反过来，社会与图书馆是什么关系？两个文明建设与图书馆是什么关系？各行各业与图书馆是什么关系？对于两方面的辩证关系探讨得不够。社会对图书馆有什么需求？有时需求是很大的，而图书馆的可能是什么，能满足到什么程度？反过来，图书馆对社会的需求是什么？社会能给予的可能又是多少？能达到什么条件？这之间有什么制约关系？对于这些要弄清楚，要有所研究，才能为事业建设找到正确的位置，并且为社会与图书馆两方面所理解。

目前图书馆与社会之间存在着矛盾，图书馆抱怨社会上对图书馆不重视，给予的投资少，社会上则反映图书馆借书证发得少，开馆时间短，借书难，服务态度差。这似乎是一种恶性循环，如何掌握客观规律实现良性循环呢，这就需要进行研究。

不少人对比国内外图书馆事业时，比较多的是强调社会投资不够，讲国外已达到人均藏书三册，我们才有零点几册。但对国外是在什么条件下达到人均三册，其国民经济水平、人民文化结构、所能提供的物质条件大概是个什么比例关系，则分析不够。我们整个国民经济还没有上去，图书馆怎么能上去？有些发达国家已普及了高等教育，我国还有三分之一的文盲，在这种文化结构下，图书馆去赶那些国家的水平，弄不好会造成浪费。还有，在人均达到三册书的同时，国外图书馆的服务是什么样的状况，他们的藏书利用率，对读者的服务水平，这些也是要研究的，否则会出现片面性。如果不找出图书馆与社会之间良性循环的客观规律，事业是很难健康发展的。

正在世界范围兴起的新的技术革命，对我国的经济发展是一种机遇和挑战。为了不失时机，1984 年 10 月至 1985 年 5 月，中央在不到一年的时间内，相继作出了关于经济体制改革、科技体制改革、教育体制改革的三项决定。实现这三个决定中提出的一系列目标，需要有良好的文献信息服务体制作保障。否则，各种改革都将困难重重。当今世界，在经济发展上走在前面的可能不是作出新科学发明的国家，而是能很好地掌握世界科技发展动向，并最快地应用于生产实践的国家，闭目塞听是不能创造奇迹的。加之我们是要建设中国式的社会主义，两个文明一起抓，图书馆事业就有着特殊的作用。

党中央关于制定"七五"计划的建议中，（31）条指出："各级各类科技管理部门、研究机构、高等学校和科技情报单位，应当充分利用已有科学技术成果、知识信息和科技人才，积极帮助广大企业包括乡镇企业加速实现技术进步。"（38）条提到："一切图书馆、博物馆、文化馆……的工作，都应当适应新的形势和任务的需要，更好地为广大人民群众服务。"面对形势的召唤，我们就要研究图书馆的体制怎样进行改革，才能适应社会的这两种不同需要。

这是宏观图书馆学要研究的第一个方面：图书馆与社会的关系。

二

从系统论的观点看，图书馆系统只是文献信息系统的一个组成部分，图书馆的主要社会职能是提供知识信息，但这项工作不是图书馆一个行业独立承担的，出版社、书店、情报所、档案馆等也同样从事这方面的工作。因此，弄清图书馆与这些部门的关系，就成为更好地实现图书馆社会职能的一个重要条件。

所以，宏观图书馆学要研究的第二个方面，是图书馆与文献信息系统的关系。

文献信息系统包含文献的生产、引进、发行、收藏、整理、开发、传递和应用，从行业来讲有报社、出版社、杂志社、书店、图书馆、情报所、档案馆等。这些行业在古代本来是一家，随着社会的发展、科学的进步，逐步产生分工，形成今天的局面。但他们之间的关系是非常密切的，许多事情是息息相关的。

报社、出版社、杂志社是文献的生产部门，也是文献工作的起点与基础。图书馆、情报所、档案馆是文献的收藏与利用部门，对出版社等部门的依赖性非常大。在文献的内容、形式、质量、规模上，图书馆等部门受到前者很大影响。声像与电子出版物的发展，必将导致声像及电子图书馆的出现。妥善处理好这两方面的关系，譬如制定统一的文献处理技术标准，能大大提高系统运行的效率。当前，推动在版编目的实现就是一个重要课题。

发行部门（新华书店与图书进出口公司等）是文献生产部门与文献收藏利用部门之间的一个中间环节，处理好与发行部门的关系，对图书馆界来说也是很重要的。藏书质量的保证，统一编目的实现，"随书配片"的推行，都有赖于发行部门的合作。这方面的研究，除了具体方法的探讨，还需要从理论上发掘课题。

图书馆与情报所的关系是最密切的，但图书情报一体化又成为争论不休的问题。认识的分歧导致实际工作的脱节。事实上，这两方的关系是合则两利，分则两伤。没有情报部门的参与，就谈不上建立全国性文献资源保障体系，也无法编制全国性联合目录；反之，没有图书馆界的力量，文献信息的有效传递将成为空话，情报所更无从建立全国性的检索网络。为什么在这样两个息息相关的部门，工作不能很好地协调，从理论到实践有哪些问题没有搞清楚，这是要认真加以研究的。

目前，我国图书馆与情报所各呈三足鼎立之势：图书馆属于文化部系统、高校系统与科技系统；情报所属于科委系统、国防科工委系统与社会科学系统。彼此之间又互有渗透。各方面需要解决的问题是一致的，追求的目标也是共同的，是什么原因妨碍这些部门捏成拳头呢？仅仅用各自追求"以我为中心"来解释，是简单化的。应知其中有深刻的历史原因与社会原因，有认识问题也有实际问题，如能找到其中的规律并提出切实可行的解决方案，对于我国图书馆事业建设将是一个巨大的贡献。

至于图书馆与档案部门，除了在数据处理技术上所要解决的问题相同以外，在文献保护上的课题也是一致的。在文献保护上的课题在档案部门取得的成就要大一些，共同开展工作的必要性非常明显，但实际情况不太理想。对这方面的研究几乎还是空白，需要引起人们的注意。

问题恐怕是要弄清楚整个文献信息系统在社会大系统中的地位与作用，文献信息系统的组成与分工，各个组成部分的具体功能要求与相互制约关系。

文献信息系统是现代社会结构中不可分割的一部分，是整个社会赖以存在的一种基础结构，是在空间和时间内记录与传递知识的最重要的手段，是人类向大自然索取财富不可缺少的工具。一个国家拥有文献量的多少，是国力的标志，也是文明程度的体现。它可以缺少某种物质或能源，但不能缺少信息。国家之间经济实力的较量，在很大程度上是信息传播与利用能力的较量。

上述是整个文献信息系统的地位与作用，而不是其中某个组成部分的地位与作用。尽管每个组成部分都具有这种属性，但不是全部。每个组成部分的研究都不能把整体的功能作用当作它这一部分的功能作用去描述，这样会失去科学的严谨性，并将导致在实际工作中的误解，以为它这一部分搞好了就行了，而忽视与其他组成部分的协同动作。这说明实际工作中的问题与理论上的不严谨是有关系的。就宏观图书馆而言，弄清楚图书馆与文献信息系统的关系，明确自身的具体功能要求和其他组成部分的制约条件，就十分重要。

三

宏观图书馆学要研究的第三个方面，是关于图书馆网络建设的理论，也就是图书馆事业建设的理论。

怎样办好一个具体的图书馆，固然要从微观上研究一系列具体技术问题，但必须有宏观的指导与控制，否则必然使图书馆的社会作用不能很好发挥。特别从整个事业的发展来观察，我国图书馆网络建设远未成功，这就要认真考虑一下，传统的图书馆网络理论是否准确完善，随着社会的进步，有无必要加以修正，能否提出新的见解。理论上的突破对改善目前协调工作的局面将是一种推动力。

图书馆网络建设理论需要回答这样一些问题：网络的必要性，怎样建设网络，谁负责建设网络，业务网络与计算机网络的关系，网络取什么样的形式，每个图书馆在网络中应有什么样的权利与义务，等等。对上述问题认识上存在的差异，在相当程度上影响了网络建设的进程。当然，宏观失控的问题并不是图书馆特有的现象，有些是要从社会总的调节中去解决，但图书馆也有自身的规律，弄清楚这些问题还是很必要的。

关于网络的必要性，几乎是没有人反对的。为什么易成空谈而缺少动力，这与对必要性的认识程度有关系，已有的研究从图书馆自身的需要上论述较多，从社会发展的需要与必然性上加以探索则不够。毋庸讳言，图书馆是一种二级机构，附属性比较强，它需要有一个高层次的部门来协调，这个部门层次不仅要高于各类型图书馆，还要高于各馆的上级机构，这样才能有权威性，进而推动网络建设。要做到这一点，只强调图书馆自身的需要不足以引起有关部门的重视，而从社会发展的需要出发，譬如充分说明图书馆网络与两个文明建设的关系，就会比较顺利地得到支持。

怎样建设网络呢？是由点到网，还是由网到点？由于点是具体存在的，网还是一个抽象的概念，已有的见解大都是强调由点到网，即在点的基础上形成网络。但由于缺乏总体系统观点，在封闭的指导思想下强化每一个具体的图书馆，有的就具有排他性，有的把对网络的义务视为额外负担，这样点与网就发生了矛盾。这是一个新问题，需要很好地研究。

谁负责建设网络呢？目前的说法不明确，有很大的二义性。有的强调行政部门的推动力，有的主张建成事业网络，认识上很不一致。这里有一个未来与现实的关系问题。

与上述问题有联系的网络是取中心式，还是取分布式？这是网络建设中的一个敏感点，也需要按照科学技术的发展前景，从理论上加以阐述。

业务网与计算机网的关系，即图书馆应用计算机的网络研制和图书馆（业务）网络建设的关系，目前各图书馆搞自动化大都是"独立于"图书馆业务之外的活动，这两者应当怎样结合为好，需要全面加以讨论。

此外，"把各个系统、各个地方的各种类型图书馆组成一个既有分工又有协作的有机联系，真正统一的图书馆网"的主张是否现实，这里还涉及图书馆类型划分的方法，类型划分与网络建设怎样有机地结合，网络取何层次结构，地区与系统的关系，等等，都是一些很重要的课题。

四

以上谈了图书馆与社会的关系、图书馆与文献信息系统的关系、图书馆网络建设，这三层意思，都是从大的方面来看图书馆事业，比较"虚"一些。但联系到图书馆的藏书建设、目录编制、阅览外借、参考咨询、计算机应用、行政管理等具体业务，从宏观上看，都有一个社会化的问题。因此，这三个层次比较虚，但不是抽象的，仍然包含一定的内容，和具体业务工作有普遍的联系。所以，宏观图书馆学要研究的第四个方面，就是各项业务工作在网络的范围内，有时甚至是在整个文献信息系统内的处理问题。

在信息爆炸的时代，图书馆的藏书建设已难以做到"自给自足"，务必仰仗于馆际合作，实现资源共享，克服一己力量之不足。这就要研究怎样建立社会性的文献资源保障体系，使每个具体的图书馆都能从中受益。

编目事业社会化是提高编目效率、保证书目质量的根本出路，这是世界各国的共同做法。在我国的具体条件下，怎样实现在版编目、统一编目、联合编目与编制联合目录等工作，需要研究切实可行的办法。

我国的馆际互借工作在世界上是比较落后的，在高校系统图书馆一般只是占总流通量的千分之几，科技系统图书馆的比例也不高，国外类似的图书馆达到20%~30%。一方面相当多的读者对文献信息的需要得不到满足，另一方面图书馆藏书的利用率又很低。怎样从这样一种反常现象中找出规律加以克服是一件很不容易的事情，制定一个行之有效的、具有立法性质的馆际借书办法应是我们追求的目标。

图书馆情报化已是发展的必然趋势，咨询服务向情报转化成为普遍的现象。在当前条件下，怎样建立社会性的情报检索与服务系统，以及怎样利用这些系统对读者进行情报意识与检索方法的培训，改变我国知识界积累与利用知识的习惯，这方面要研究的课题颇多。

图书馆自动化本身就是一个社会化的事业，即使是完全独立的自动化系统，在数据交换格式上也要与全社会保持一致，何况建立完全独立的系统是非常困难的，我国的财力也是难以支持的。多年以前，人们就指出自动化与网络化必须同步发展，这是一个新的领域，面临计算机应用从试验向实用过渡的关键时刻，加强这方面的研究就非常紧迫。

行政管理科学化，或者叫作科学管理，其中心问题是如何自觉运用反馈控制原理，不断改善图书馆系统的运行效益。就一个馆来说，首先需要掌握管理信息，听取读者反映，收集与评价服务效果，进行费用／效益分析。从整个图书馆事业的角度做好上述几个方面的工作，就更为重要。一个馆做好反馈控制，只能改进一个具体图书馆的工作，而整个事业掌握反馈信息，做好宏观控制，则关系到整个事业的兴旺发达。

可以看出，这一部分的研究内容是很丰富的，所要解决的问题也很复杂，需要提出一系列技术方法，这些技术方法和微观图书馆学研究的内容既有相同之处，又有所区别。在这方面宏观与微观的关系很密切，界限不大好划分，是研究的难点。

五

宏观图书馆学研究的第五个方面是图书馆与用户的关系。

图书馆与社会的关系具体体现在与用户的关系上。作为社会成员的用户对图书馆有什么要求，图书馆对用户能起什么样的作用，他们怎样认识与利用图书馆，图书馆怎样了解他们并更好地为用户服务，这些是要很好地研究的。

从用户方面讲，学会利用图书馆的方法，就等于掌握了打开知识宝库的钥匙，站在了巨人的肩膀上。从图书馆方面讲，只有弄清楚用户对图书馆的需求，图书馆才能顺利地实现其社会职能。这两者之间如何协调和谐，需要良好的信息交流，这就要有一系列科学的方法使图书馆的功能为人所了解，用户对知识信息追求的愿望为图书馆掌握，如对阅读心理学、文化社会学等的探索。

这样看来，图书馆不仅要普及图书馆与文献检索知识，做好阅读辅导工作，还要加强对读者的研究，现在有人提倡建立"读者学"，这门学科和目录学一样，是文献信息系统中的一门横向性学科，与文献生产、传播与收藏利用的各个方面都有关系，目前尚属投石问路，迫切需要真正起步。

图书馆与社会的关系另一体现是在立法上，就是要以法律的形式肯定其社会地位，我国至今还没有专门关于图书馆的法令，只有各个部门的条例，这些条例往往没有真正得到实际主管人、财、物的部门认可，即使在各部门内部，也还未具有法令的效力。所以加强立法工作是一项艰巨的任务：一方面要通过各种渠道，推动这一工作尽快实现；另一方面要加强立法理论准备，包括对国外有关法律的调查借鉴，这是宏观图书馆学研究中需要高度重视的一个问题。

在全面研究的基础上，要制定我国图书馆发展战略，并争取将其列入国家的社会发展计划之中。这样，图书馆事业建设才能有明确目标与物质保证。做好这件事，除了理论探讨之外，还是一项艰巨的基础工作，没有图书馆界的通力合作是难以完成的。

一个具体图书馆的改革只能是微观的，这是很自然的，但是这些微观活动如果没有宏观的指导与控制，因盲目性而失控，那么图书馆与社会的关系就会不正常，图书馆事业就不能健康发展，每个图书馆都会受到影响。

因此，宏观指导与控制主要是调节图书馆与社会的关系，具体表现为不断调整图书馆与文献信息系统其他组成部分的关系，调整图书馆界内部的各种关系，而且主要是调整图书馆界的内部关系。

我们希望宏观图书馆学的研究开展起来，能以其成果说明图书馆的生存条件与社会功能，历史进程与同族关系，建设原理与发展战略，系统工程与网络前景，阐明办好一个具体图书馆与图书馆事业总体建设的关系，从而推动图书馆网络及宏观的各项业务工作顺利发展。这也是宏观图书馆学研究要达到的目的。

建立国家文献信息系统[*]

中央关于尽快建立社会化、现代化的信息中心的意见是非常及时的。"七五"期间，我们必须着手建立包括自然科学和社会科学在内的国家文献信息系统，以全面、迅速、准确地为领导机关决策和科学研究工作提供所需文献信息。

一、人类获取与交流信息的方式

信息广泛地存在于自然界、人类社会和思维领域，因而有自然信息、社会信息和知识信息。

有关气温、风向、阴晴等自然现象和地震、台风等自然灾害及生物的生命过程等信息，为自然信息。这些信息过去是凭借人的经验判断，现在已有非常精密的仪器来测算，即遥感系统。美国有上百万人运用最新信息技术，按分计秒从太空、地球的各个角落猎取信息，世界各地的重要动态在发生后的十五分钟内，白宫即可得到有关信息。

社会信息包含人口增减、货币流通、交通流量、财政收支、物资库存、土地变迁等数字信息和各种社会活动。目前，发达国家已建成横跨全球的管理信息系统，每天午夜，即可将当天发生的所有数据处

* 本文发表于《情报资料工作》1987 年第 2 期。

理完毕，计算出结果，报告各级领导人。我国"七五"期间已列项的"国家经济信息系统"，就是这样的管理信息系统。

经过人类思维活动而创造的知识信息，除通过交谈、会议、教育等方式的人际直接交流外，分别物化为声像、实物和文献，并形成各自的交流系统（见图1）。

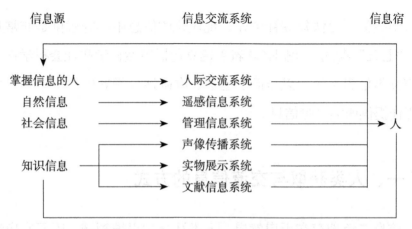

图1　人类获取与交流信息的方式

二、文献信息系统的作用

自然信息与社会信息的时效性强，瞬息之差都可能对国家造成重大损失，危及人们的安全，所以各国都较早地采用了先进的信息技术。

但自然信息与社会信息经过人们优化、浓缩以后，都要物化为文献信息，而且只有成为文献信息以后，才能突破时间、空间的限制，广泛而长久地流传。声像信息与实物信息的情况也大致如此。

文献信息是数量最大的信息，它包含了人类几千年来创造的全部精神财富，而且每时每刻都在不断地增加。愈到现代，增长的速度愈快，每五十年就要增加十倍。人们只有在掌握这些全部精神财富的基础上，才能腾飞。所以文献信息系统是整个社会赖以存在的基础结构，是人们向大自然索取财富不可缺少的工具。拥有文献信息数量的多少，已成为衡量一个国家国力的标志。

15 世纪以前，我国的经济与科技水平一直处于世界领先地位，其主要标志之一就是我国当时记录知识信息的文献数量大于其他各国的总和。

日本不仅物资与能源缺乏，而且本国的发明创造也很少，但它们注意引进国外文献信息，建立了高效率的文献信息系统。例如，凡欧美最新科技（包括社科）著作，当年即被译成日文出版。从 1960 年到 1975 年，日本花了 57 亿美元，向全世界购买了 25 700 项专利（如自己搞需 2000 亿美元）。这对日本的经济腾飞起了非常大的作用。

文献信息在我国"四化"建设中的作用是很显著的。从引进的国外文献中汲取先进科学技术，用以改进我国的生产与管理手段，每年都有许多重大成果。比较突出的一个例子是：南京大学经济系的一位研究生，应用国外文献上介绍的最优规划方法，研制了全国纺织系统规划模型，用这一模型计算的结果和用传统方法编制的结果加以比较，"七五"期间，在节省投资 29 亿元、节省能耗 484 万吨标准煤的情况下，可增加产值 66 亿元，盈利 30 亿元，创汇 5 亿美元。（见《情报资料工作》1986 年第 6 期）

现代社会对信息的需求是全面的。自然、社会、知识三方面的信息缺一不可，而且在实际生活中，人们需求的信息，85% 以上直接或间接来自文献。文献信息在人类社会的发展中始终具有重要作用。

三、文献信息系统的组成

文献信息系统包含文献信息的生产、引进、搜集、整理、开发、发行、传递和应用。从部门讲，有新闻、出版、发行、图书馆、情报所和档案馆等。按照系统工程的原理，该系统可以划分为三个子系统，见图2。

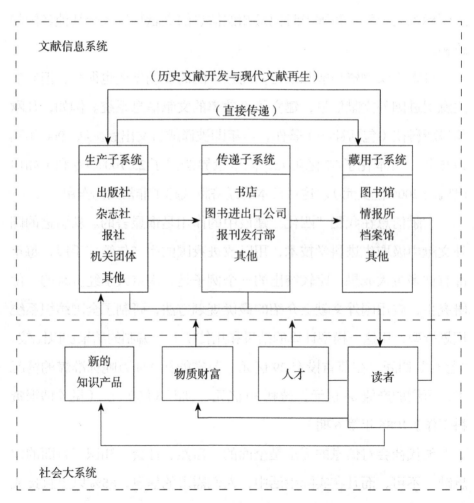

图 2 文献信息系统构成及其与社会系统的关系

　　三个子系统相互配合，就能产生极大的效率。例如，图书实行在版编目，出版、发行、图书、情报部门使用统一的书目数据，不仅书目报道及时，检索方便，而且每年能节省数万人的工作量。期刊实行在版编目，并将样本提供给文摘社加工，因而像《化学文摘》那样的大刊物，虽摘引数万种期刊，却能在原文期刊出版后一周发行。在使用计算机辅助编辑以后，加工的磁带即成为机读的数据库（即电子出版物），使用这些数据库就可以建成文献信息检索系统。

　　有了高效率的文献信息系统，才能为社会提供优质的服务。

四、发达国家文献信息系统的成就与经验教训

　　美国是建立文献信息系统最早、成就最大、电子出版物最多的国家，1964 年首先建成 MEDLARS（美国医学情报系统）。到 1982 年，在全世界已有的 762 个文献数据库、1083 个数值数据库中，美国的五大联机情报检索系统（DIALOG、ORBIT、BRS、MEDLINE、NYTIB）就占了其中的一半。仅 DIALOG，1983 年就有文献数据库 207 个，总文献量 8000 万条。美国还有 OCLC、RLIN、WLN 三个联机书目系统，用户可通过网络终端查找文献信息，效率比手工提高了几百倍。这是相当大的一个产业，每年有 15 亿美元的营业额，是政府决策的支持系统，仅国会图书馆每天回答议员的咨询就有一千多件。

　　英国、法国、联邦德国受国力的限制都将图书（一次文献）与情报（二次文献）合建系统，并且协作研制网络，现已建成 ESA 系统。

日本为了成为信息大国，一方面抓硬件，即计算机与通信技术设备的生产；另一方面大力抓软件，即社会信息与文献信息的处理，建立了情报与书目一体化的检索系统，在十几年时间内，缩短了与欧美的差距。

美国虽有从文献信息生产到利用的完整系统，并居世界领先地位，但缺乏全面计划。几百个数据库的生产，没有统一的记录格式，因而研制检索系统时耗费了大量资金。现在五个联机情报检索系统和三个书目系统要联成一体，就要花费相当大的代价，解决系统的兼容和数据的规范问题。

五、我国文献信息系统的现状

（一）部门分散、职责不清

新闻单位如通讯社、报社、电台等，都有建立新闻检索系统的打算；出版系统目前已有国内外四种计算机激光汉字照排系统；图书馆系统（包括公共图书馆、国家教委、科研机构）以一次文献工作为主，也有二次文献的业务；情报系统以二次文献工作为主，也有一次文献的业务；档案系统的情报工作职能日趋加强。

（二）缺乏统筹规划，系统效益很低

目前我国文献信息各部门既没有一个中央级的机构主管此项事业，各部门之间又缺乏横向联系，因而形成一个个彼此分离的孤立单位，缺乏统筹规划，系统运行效益很低。如国外最新科技成果的传

播需 5~10 年才能翻译出版；而本国文献信息的报道工作也较少，在数量上只有生产量的四分之一，时差在半年以上；引进国外文献信息，品种既少，复本又偏多，造成不少浪费，如北京图书馆和中国科技情报研究所各引进一万多种外文期刊，重复的竟有五千多种；书刊进出口业务脱节；图书情报部门缺乏协调，长期没有建立我国文献资源的保障体系，从国际联机检索终端获得的文献线索，50% 在国内找不到原始文献；图书馆几大系统的分离，以致我国不能编出全国性的联合目录，科技情报与社科情报的不统一，也就不能建立完整的检索体系。

现在我国每年生产的文献信息，平均每人只有 15 个汉字，比世界人均少 35 个汉字。拥有的文献信息量只有世界总量的千分之一，约为日本的百分之一。每年引进的国外文献只有当年世界文献生产量的 12.5%，利用率只有 1.25%。这种状况必然影响经济建设的进程。

（三）分散投资、进程缓慢

由于没有系统总体设计，关键性的基础课题无人问津，各部门的进展都很缓慢。

中国科技情报所已在北京安装了 ESA 的联机检索终端，并可接通 DIALOG 与 ORBIT 系统，其中包括科技与社科两方面的大量文献信息。目前，这个终端的利用率并不高，没有很好地组织社科情报界利用，而社科情报界却有建立自身国际联机检索终端的打算。

研制中文文献数据库和建立检索系统，是各部门的共同课题。现在大家各自为战，不仅资金分散，而且会产生数据格式不一、系统互不兼容等问题。重复投资所造成的浪费也是很惊人的。

建立名词规范数据库是工作量极大的基础性工程，哪一个具体部门都无力独立承担。

开发中文化的计算机是建立文献信息系统的基础课题，现在各部门都只接触其中的局部功能，没有一个总体系统的项目。

六、需要采取的对策

（一）将国家文献信息系统在"七五"计划中列项

应当尽快建立一个国家文献信息系统，把它列入"七五"计划。以各有关部门为分系统，进行总体系统设计，改变目前各部门分散无序的状况。文献信息系统和经济信息系统一样，需要高度的标准化与规范化，形成整个系统的有机组合。这种国家文献信息系统，其功能将远远大于现有各部门功能相加的总和，在同样投资的条件下，它将比目前分散运行的系统多创造出几倍以至几十倍的效益。

（二）关键是要确定一个牵头单位

建立国家文献信息系统，是文献信息各部门的共同愿望。20世纪80年代以来，在图书、情报、档案部门的工作与学术会议上，与会者多次提出了这个问题，认为我国没有一个跨部门的权威的机构统筹考虑文献信息系统的建设，是影响信息为"四化"服务的一个重要因素。各部门的有关人员几年来也进行过多次协商，试图建立一个协调组织，但因没有一个权威部门牵头而没能成功。现在急需确定一个部门牵头，把这件事推动起来。

（三）充分利用已有的成果

首先以各部门已有的投资为基础（据统计有近 3 亿元人民币），国家只需增加少量经费，弥补一些薄弱的部分。例如，社科情报系统尚无投资，图书馆的部分比较弱，要增加共同性的基础课题等，逐步进行整体系统的研制工作。

近年来各部门分别做了许多工作，虽然缺乏整体规划，但在某些局部功能上，也取得了相当大的成果，并积累了不少经验，要充分肯定这些成果，并在设计国家文献信息系统时，尽量加以应用。

建设国家文献信息系统，不可能也不应当削弱各个部门的系统，只是使各部门的投资更加合理，技术力量使用更加得当，部门之间能够充分地相互利用已有的成果，从而使各部门的系统得到加强与提高。

（四）与国家经济信息系统兼容

国家经济信息系统建立过程中的经验与技术方法，例如实行逻辑设计集中、物理设备分布的系统建设思想，贯彻审慎论证、积极试点、分批实施、逐步完善的方针等，文献信息系统大部分都可以采用，在网络结构与信息编码上应做到兼容。

文献信息与经济信息毕竟是不同的信息源，经济信息系统难以容纳整个文献信息系统。在具体处理上两者还是有很大差别，因而两个系统仍需要分别建立。

（五）体制改革与技术改造同步进行

在建立国家文献信息系统的过程中，要把现行系统的体制改革和先进信息技术的应用紧密结合起来，做到同步进行。不然，在落后的管理体制下，多么先进的技术也难以发挥效益，没有优质的人工数据准备，再好的检索系统也难以提供满足社会需求的文献信息。

北京大学图书馆学生教学参考书的供应工作[*]

北京大学图书馆的学生教学参考书供应工作，从 1952 年院系调整以来就开始了。学生参考书的供应工作是高等学校图书馆的主要工作，我们希望能与兄弟院校图书馆交换意见，得到大家的帮助，以便使我们提高认识，更好地改进工作。

一、高等学校图书馆做好学生教学参考书供应工作的重要意义

（一）实现学校任务，贯彻高校图书馆任务的重要一环

我们都知道，高等学校图书馆的任务是贯彻党的教育方针，培养"四化"所需要的各种专门人才。学生需在教师的启发下，阅读一定数量的参考材料，以取得好的成绩和培养独立思考能力。因此，做好这部分图书的供应工作，对完成教学任务、提高教学质量起着重要的作用。

另外，高等学校图书馆为教学服务应该是具体的而不是抽象的，应该根据本校的教学任务，有的放矢地进行工作。

---
* 本文发表于《高校图书馆工作》1981 年第 3 期。

我们有这样一个明确的认识，也是经过一个发展过程的。从理论上讲很容易明确，但把理论认识贯彻到实践中，又不是那么容易。我们也曾认为买书、编目、借书，都是面向全校师生，这就是配合。至于为什么有大量的学生在集中的时间里，借阅大量的一定范围的图书，甚至借书时排成长队，柜台前众手齐伸，高声喊叫，没有深入研究，只是简单地看成工作量太大，书买少了，工作人员少了，应付不过来，甚至幻想为工作做好了，"生意兴隆"的表现。直到深入了解情况，摸索其性质规律，才认识到这是个大问题。

我校通常一个学期开设课程在 500 门左右，参考书 2000 余种、50 000 余册，全部参考书近 20 万册。一个文科系，在五年学习中，上课与自习的比例，自习时间大于上课时间。而自习时间中，除去消化笔记、准备讨论、写心得体会等时间以外，有将近一半的时间要用于阅读参考书。可以看出图书馆做好教学参考书的供应工作，是直接关系着广大同学的学习、关系着教学质量的提高、关系着教学计划的完成、关系着学校培养人才任务的完成。

（二）全面做好高校图书馆工作的关键所在

高等学校培养人才是通过各方面的工作来实现的。它包含政治思想教育与形势教育、教学与科学研究、生产劳动与参加社会活动，等等。因此，高校图书馆的任务也就有多方面。再加上服务对象的不同，就需要合理处理工作上的不同情况和不同需要。其中做好学生参考书的工作更是工作中的一个重要方面。由于这一部分工作量大、面广，影响全局，必须加以重视，否则将使图书馆的全部工作处于被动状态。

另外，为教学服务与为科学研究服务、为政治思想工作服务与为课外阅读服务、为教师服务与为学生服务的关系，以及在高校图书馆中服务工作与管理工作的关系等都要全面考虑，合理安排，以便更好地完成高校图书馆应该实现的学校任务。

可见，只有首先从思想上认识教学工作在学校任务中所处的重要位置，认识高校图书馆的性质任务及其特点，才能把教学参考书的供应工作做好。

二、加强调查研究是做好教学参考书供应工作的根本道路

（一）调查研究工作的重要性

要做好教学参考书的供应工作，就要了解教学参考书的需要情况，就要深入到教学活动中去，深入到读者群众中去，从大量的现象中，认识到教学工作的本质及其规律，了解读者的需要。从而根据客观实际情况考虑我们的工作方法。这也就是我们自己经常说的必须做到知己知彼。北京大学图书馆正因这样做了，才使工作焕然一新。

（二）调查研究的内容和方法

调查研究的内容，主要是读者对于教学参考书的需要和使用，以及图书馆配合准备的情况。具体可以归纳为下列几个方面：

（1）课程设置的总的情况。这方面包括全校系科专业设置情况、目前系里的任务、开课特点和要求等。图书馆通过请北京大学自然科

学处和社会科学处的负责同志向馆员作报告，请各系系主任或教学秘书介绍各系情况的办法，首先取得一个总的情况的了解。其次就是访问系教学秘书了解每年课程安排和使用参考书的特点，并参加一些有关的教学会议，旁听部分基础课程，这样就使图书馆对整个教学方面的形势有个比较清楚的认识。就可以使图书馆比较正确地估计如何合理安排教学参考书供应的工作以满足客观的需要。

（2）各系每年的教学计划。如开设课程，讲课教师，讲课时间，听课学生的年级、人数，有无教科书、讲义，有无参考书等。一般图书馆在上学年考试前访问系行政教务员并进行了解。如有的教师下一学年虽开课，但人还在外地，有的课程临时变更了讲课教师，有的课程由几位教师合开，有的课程讲授时间不在学年开始或不限于一学年，参考书的准备怎么办，这些都是很重要的问题。

（3）每门课程需要参考书的具体内容和不同要求。也就是具体参考书单的填写工作，必须对每门课程所需参考书的内容，参考书的性质，哪些是主要的，学生有无自备课本，听课学生的性质是本系还是外系、几年级、有几个班、多少人、学习时间，都要了解清楚。这要求讲课教师认真负责填写参考书单，并于开学前一个月将参考书单送回图书馆，以便图书馆及早准备。这同样是深入细致的工作。因为必须访问教师本人，才能了解到用书的具体要求。如哪些书是必读的，哪些书是一般参考的，哪些在必读中必须人手一册代替课本，哪些是一般浏览，只要学生有余力时个人外借就行了。哪些书只看个别篇章，哪些书可以包括、可以代替，以及因上课的进度不同而交叉使用参考书的情况，等等。这些都是做好有的放矢的供应教学参考书的必要准备工作。

（4）了解馆藏情况、校外情况、出版发行情况，做好补充供应的准备工作，是积极主动满足需要的具体必要措施。使深入了解的需要，具体落实到物质基础上。

了解馆藏是一项工作量大而又非常细致的工作：一是每学期每个系的参考书数量都很大；二是馆藏比较分散，书又在流通，必须找到下落并把它集中；三是有些散见于丛书、全集或参考资料文件汇编里的文章，都应调查清楚。只有充分利用图书，才不会造成供应不足和国家资金的浪费。

另外需要补购的，目前书店有无发行，可否买到，或新书是否出版，有无旧版可以代替，是否兄弟院校图书馆已经入藏，可否在复本数量或使用时间不冲突的情况下，通过馆际互借得到解决。然后及时调配并准备供应。

（5）了解读者使用参考书情况。在参考书供应工作开始以后，以及学年终了之时，应经常了解我们供应的参考书是否满足需要，有没有对上口径，在分配与使用上有无问题和困难等，以便及时改进我们的工作。我们采取了听课、去宿舍访问、召开学生班长会、个别谈话及观察图书馆流通的具体情况等方式进行了解研究。如跟班听课就可以了解教师对学生阅读参考书的具体要求，经过访问了解就可以知道学生有没有时间看参考书，参考书指定是多还是少，是否合适，这样就可以向有关的领导和教师反映，共同改进我们的工作，使我们确切掌握参考书的实际需要情况，在更好地节约人力物力的前提下，更及时、更切实地做好工作。

三、健全规章制度，组织专门的工作队伍和改进工作方法，是做好教学参考书供应工作的必要措施

为了认真做好教学参考书的供应工作，图书馆在大力开展调查研究的同时，采取了一系列必要的具体措施，保证了工作的顺利完成。

（一）工作取得了校领导的重视与支持

由于教学参考书供应工作直接影响着学校教学工作的完成和教学质量的提高，校领导公布了"北京大学图书借阅规则"，同时公布了"关于供应教学指定参考书的几项规定"，借阅规则中也有对教学参考书供应办法的补充的规定。这是作为全校性法令公布的，要求有关的教师、学生共同遵守，并且贯彻到学系和图书馆的基层，这就使工作的顺利进行有了保证。它指出，教师、学生和图书馆共同有责任做好这一工作，因此不再有学生埋怨图书馆、图书馆催教师的现象。系教学秘书说做好这一工作是他们的责任，教师也经常到图书馆阅览室来了解情况，系教务员主动协助图书馆做好调研了解联系等工作，学生也能自己安排应该阅读的参考图书，充分发挥了各方面的积极因素。保证了调查研究落实到具体工作。

（二）在采购补充方面设立了专职干部分别向有关学系与阅览室进行联系，及时结合需要补充图书

在进行调研的同时，建立了"教学参考书卡片目录"，摸索参考书的规律、类型，结合需要检查馆藏，以便逐渐建设成完整的符合实际需要的思想性强的有科学水平的专业参考藏书体系。

在"教学参考书卡片目录"的基础上,编制"缺书待补目录",并经常与阅览室和书店取得联系,掌握缺书待补的情况,如需要的程度、缺书的情况,为今后健全馆藏做好准备。

同时,根据参考书需要与使用的情况,结合既保证需要又节约经费的原则,制定出一套教学参考书的采购标准。针对文理差异的特点及其不同的要求,我们确立了藏书范围,解决了品种与复本量的问题。为今后长远建设打下了一个基础。

(三)调整了服务机构及藏书组织

图书馆按照学校不同专业的设置明确规定三个专业阅览室专为供应学生指定参考书的服务机构,分别负责全校语言、文学、历史各系,哲学、经济、政治、法律各系和理科各系专业参考书的供应,并分别安排了专职干部担负这方面的工作。同时把这部分参考书专藏在三个阅览室,分别集中组织起来。这样就可以做到:①任务明确,建立了为教学参考书服务的部门,使教师、学生和图书馆都明确了关系,有问题集中在专业阅览室解决,干部对教学工作的责任感加强,就可以更好地专心研究工作,改进工作方式,并取得教师与同学的信任。②藏书集中利于调度,灵活方便,可以根据读者的需求情况,合理确定分配比例。③利于干部学习,提高服务质量。一个阅览室负责一定的专业课程,便于熟悉读者,熟悉图书,钻研业务,辅导学生更好地阅览图书。

在工作中,为了加强管理与方便读者,还设计了一些工作表格,并进行了图书资料的整理。如设计了"教学参考书调查表""各系开设课程统计表",用来了解参考书的性质、与课本的关系、使用情况、馆藏情况及各系开设课程的全貌。"缺书情况调查表"可以更好地掌握参考书的缺少情况，积极考虑解决办法，便于与采购人员联系。"教学参考书准备情况教师通知单"，可以主动负责地加强图书馆与教师的联系。

在目录方面，有内部使用的标明需要与使用情况、藏书数量及动态的分类目录，有读者使用的按系科课程排列的目录，有按字顺排列的书名目录等。

另外，还积累了各系的教学方案、课程设置计划、每学期的课程表、每门课程的教学大纲。编制了丛书、全集及资料汇编的分析目录等。并且为课堂讨论、写读书报告、配合写论文、考试准备了图书资料，结合专业介绍举办了图书图片展览。

（四）建立了一套借书办法

在借阅方法上，采取集体借书为主，个人外借与室内阅览为辅的办法。下面着重谈谈集体借书：

（1）全面了解，合理分配：在集体借书之前，应对所有有关课程、不同班级的参考书进行全面了解，包括每门课程对图书的需要程度与时间要求，才能有组织有计划地合理分配，真正满足各方的需要。

（2）明确责任，办好手续：集体借书以班为单位，由班长办理借书手续，图书馆统一发证，凭证在指定的专业阅览室借书，图书丢失由个人负责赔偿，图书数量虽大，但每本均需办好签名手续。阅览室必须健全借阅管理系统，到期催还。

（3）帮助学生做好管理工作：班长借到图书，必须在图书馆所发的登记簿上进行登记，同学个人借阅时必须签名，以免图书丢失。学期末向阅览室还清图书，证簿退还图书馆。同学借阅时，班长应向其宣传爱护图书的事项，以免污损影响使用。

四、工作中有待进一步研究解决的问题

（1）进一步摸索教学参考书的特点及其规律。在主要参考书日趋稳定的基础上，应该考虑继续改进工作方法，使其更好地满足客观的需要，并把旧书的补缺和新书的推荐工作做好。

（2）结合文理科用书特点的不同，更细致地研究相应的工作方法，它不仅在管理工作上有所不同，而且与采购补充健全馆藏的长远规划均有关系。

（3）外文教学参考书在全部参考书中虽然所占比重不大，但从准备馆藏数量，考虑经费节约，学生阅读能力，使用时间，需要相应的不同工作方法。

（4）高年级学生使用的参考书，有很多是与论文写作分不开的。一方面要考虑它如何与一般教学参考书区别，另一方面要考虑它如何与教师服务工作区别，同时要考虑它算不算学生教学参考书工作的一部分。

（5）提高图书馆工作人员的专业知识水平，更好地做好工作。随着科学文化日益发展和全校各系那么多的专业课程设置，图书馆工作人员的专业知识怎样不断提高，需要从工作出发。既要解决问题，又要避免脱离实际，是个比较复杂的问题。

高校图书馆要做好情报服务工作 *

一、科学的发展导致情报 – 研究分工

当前科学技术发展的特点，一是发明创造多，最近 10 年科学技术上的发明与发现，比过去 2000 年的总和还要多，未来 10 年的成就比现在还要大；二是知识更新快，在 20 世纪初，更新期为 30 年，目前只有 5 年到 10 年；三是新技术从发明到实际应用的周期越来越短，19 世纪为 50 年到 100 年，现在短的只有 3 年；四是学科越分越细，目前有 1000 多门，但又互相交叉、渗透，形成新的组合；五是科技文献爆炸性增长，19 世纪初，期刊仅有 100 余种，现在有 6 万多种。

上述特点形成一个巨大的矛盾，科学的迅速发展要求研究人员必须及时了解本学科的进展情况，才能避免重复他人工作，尽快吸取别人成果，走在前面。但是文献浩如烟海，使研究人员无法从中提取有用的东西。以化学化工为例，1977 年仅《化学文摘》收录的就有包括 60 多种语言的 41 万多篇文献，一个化学家每周阅读 40 小时，也要读 48 年。因此，科学家靠自己搜集资料进行研究的"单干户"的工作方式被淘汰，产生了新的社会分工。有一种职业专门为研究人员搜集书刊资料，编印检索工具，提供文献线索，这就是图书情报工作。

* 本文发表于《北京大学学报（哲学社会科学版）》1981 年第 6 期。

情报不灵,在科学研究上造成的损失是惊人的。日本科技厅曾作过一个调查,在大学的物理与化学两个学科中,由于情报调查上的失误,研究课题中重复他人工作的达到 40% 以上。我国无确切统计数字,但据有关专家估计,情况也差不多。这是要引起注意的。

研究人员对情报的需要大致有四种情况:①需要及时了解他所从事的研究领域的最新进展,始终掌握最新情报;②需要追溯性情报,就是查找一个课题已有的资料,了解全面情况;③随时寻找他当时感兴趣的某个特定问题的具体答案;④需要方便地浏览各种各样的出版物,不仅是专业的,而且是无目的地阅读,以创造寻找研究线索的机会。这四种需要产生的相应情报服务的内容包括:进行定题通报服务;开展回溯检索或代查、代找、代译业务;做好解答咨询的工作和设立良好的阅览室。

情报 – 研究分工,是情报社会化的表现,这是科学发展的必然结果,而现代技术的成就,特别是电子计算机的出现,又为这一分工提供了强有力的工具。

二、高校图书馆加强情报服务已势在必行

自从进入 20 世纪 80 年代以来,我国科学技术的发展有了新的起色,社会上"加强情报服务""图书情报一体化"的呼声越来越高。图书情报工作的体制,各国很不一样。我国在中央和省两级都有专门的情报机构。但中央各部、科学院所属单位、大型厂矿企事业单位,图书情报工作都是一体化的。全国 600 多所高等学校,专门设立情报机构并真正开展情报服务的,为数很少,但每校都有大小不等的图书

馆。只是由于长期以来思想认识上的一些障碍，影响了图书馆情报服务职能的发挥。

情报服务实质上是图书馆参考服务的延伸与发展。在公共图书馆系统，凡是过去科技参考服务做得好的馆，现在情报服务都很活跃。科学院图书馆系统也是在参考服务的基础上，建立起全院性的图书情报服务体系。

高校图书馆系统多年来不重视参考咨询服务。绝大多数图书馆没有与采编、流通等部门平行的参考服务机构。其原因是认为大学的读者不是教师就是学生，教师的水平都很高，图书馆不能为他们提供参考服务（更谈不上情报服务），而学生有教师指导，也无须图书馆辅导。结果，不仅影响了一代人的培养，而且直接影响了高校教学与科研水平的提高。

国外的高等学校图书馆，不仅参考服务与情报服务做得好，而且重视对大学生的情报方法训练，从而大大提高了科技人员利用文献情报的能力，促进了科技事业的发展。我国的大学毕业生，在校既未接受情报方法训练，又不了解图书馆情报服务的功能，因为学校图书馆没有这方面的服务内容，所以他们获得情报的能力很差。据哈尔滨工业大学图书馆对某教研室的调查，老师中只有四分之一的人会使用检索工具。而上海市科技情报所的调查材料说明，上海工交系统的科技人员中，只有1%的人会使用外文检索工具。绝大多数人只会按照文章的引文获得资料线索，因而获得情报的速度慢、范围窄、体验差，对科学研究、发明创造带来了极为不利的影响。

因此，高校图书馆开展情报服务已成为刻不容缓的事情。首先应从加强参考服务着手，充分利用国内已有的技术条件，努力补充一些情报人员，再注意发挥高校的有利条件（可依靠老师的协助），只要领导重视，不用很长时间，就能逐步改变情报服务的落后状况。

三、高校图书馆有条件做好情报服务工作

第一，要认识到情报社会化以后，图书馆已不是靠"万能博士"去解答读者的咨询，而是靠组织管理与情报方法为研究人员服务。主要是以长补短：其一以广博的知识（图书馆拥有各学科的人才）弥补专业人员的知识面狭窄的不足；其二以外语上的多语种（图书馆有各种外语人员）弥补专业人员外语语种上的偏缺；其三以对图书馆、文献资料、检索工具的熟悉，弥补专业人员这方面的不足。

第二，从一些高校图书馆开展情报服务的实践看，这项工作是能够做好的。天津大学图书馆咨询室，数年来回答咨询要求几千次，解决了读者的各种疑难问题，深受师生欢迎。西北农学院、上海交通大学等高校图书馆在这方面都做了不少工作。南京医学院图书馆编印的《医学论文汇编文献索引》《医学期刊提要索引》等多种检索工具书，不仅在医学界很有影响，而且填补了国内检索体系上的空白。第四军医大学图书馆组织校内外 300 多人编译的《医学文摘》和《医学工作参考资料》，受到军事医学界的欢迎。成都科技大学、哈尔滨工业大学、沈阳医科大学、沈阳药学院、河北工学院、湖南医学院等院校图书馆，为学生开设文献情报检索课程，取得很好的效果。

第三，国内已开展的计算机检索服务，为高校图书馆进行情报服务提供了新的技术条件。定题通报服务在手工条件下是很难做到的，现在国内已有中国化学会、邮电科学院情报所等八个单位，引进十九种磁带

版文摘（即数据库），进行定题通报服务。中央有关单位还在香港设立了一个国际联机检索终端，可直接利用 DIALOG 和 ORBIT 两大系统的数据库进行回溯检索。北京大学图书馆组织十个系从 CA、INSPIC、SPIN、GEOREP 四种数据库中选择九十九个课题，接受定题通报服务，深受教师的欢迎，并提出十几个课题到香港国际联机检索终端进行试验，获得理想结果，现已决定建立正式用户关系，这个方法花钱不多（每年只需几千元），收效甚大。一般院校图书馆都可以做到。

第四，高校图书馆目前都有 1/4 到 1/3 的助研以上人员，这基本上接近国外高校图书馆专业人员的配备比例，因而具备开展情报服务的人员条件。关键是领导思想上要看到情报服务的重要性，改变干部使用不合理的状况，把具有专业知识的人员从事务管理中解放出来，发挥他们的长处，使人才不再浪费。高校图书馆受平均主义的影响很深，工作不讲分工，不管水平高低都做一样的事，知识分子政策没有很好落实，这是许多学有专长的同志不愿意在图书馆工作的主要原因。不少高校图书馆领导一方面喊干部水平不高，无力开展情报服务，要求上级领导大量补充高水平的人员；另一方面又把能做情报服务的同志，安排去做一般性的事务处理。这种状况不改变，再调多少有水平的同志到图书馆，也改变不了面貌。

四、需要明确规定高校图书馆情报服务的基本职能

高等学校的行政领导——教育部，对高校图书馆的情报服务职能应予以明文规定，既是对图书馆的要求，也是对学校的要求，这样进行工作就有所依据。

（1）图书馆应通过各种途径收集情报资料。全校工作人员参加国内外会议和其他学术活动所获得的资料，通过各种途径交换或购置的资料，都应交图书馆保存，需保留在系或专业资料室者，也需统一编入图书馆目录。图书馆目录的编制要尽快实现用计算机处理，以适应日益增长的书目检索需要。图书馆还应采用多种方法，使情报资料与读者直接见面。

（2）学校重大科研项目在决定之前，要进行情报调查。目前可利用香港联机检索终端进行回溯检索，摸清国外动向，防止重复他人研究，避免采用过时技术，保证科研的先进水平。项目确定以后，还要再次进行回溯检索，及时获得所需的情报资料，缩短科研周期。项目进行中要利用已引进的数据库进行定题通报服务，未引进数据库的学科要以手工方式适当补充，使研究人员随时了解该课题范围内的最新动向。

（3）对新学科、新课题和一些特殊情况的读者（如年老多病者），图书馆应提供外文资料代查、代找、代复制、代翻译的服务，为填补科研空白、赶超世界先进水平做好资料准备。这项工作要与有关教师及研究人员共同进行。图书馆应在全校范围内组织一个翻译网，学校应当拨给一定的费用，以保证工作的开展，从而调动一切积极因素，把情报服务工作搞活。

（4）管理科研档案，应将每年科研计划的项目，完成多少，没有完成的多少，原因分析，完成的项目中有价值的占多大比例，重复他人研究者占多大比例，经费使用情况，成果上报情况，积累了哪些可供以后研究工作参考的资料，以及正在进行中的项目等等，详细记录，按国家规定，作为情报资料管理起来，供领导参考，并将成果编印交流。

（5）对在校学生进行情报方法训练，根据文理工医农等不同特点，规定不同的课程内容，从低年级到高年级分段讲授，并进行认真的实习。根据国内外经验，图书馆负责综合性的方法训练，有关教研室负责有关专业的检索方法训练。如果可组织全国力量编写统一的教材，教学质量就能有所保证。

（6）图书馆应设立专门的检索室，收藏较为完整的检索工具，供读者随时查找所需资料，也作为学生学习情报检索课程的实习场所。检索室的工作人员对读者提出的各种咨询问题要帮助解答，并辅导读者掌握检索方法，提高获得情报的能力。

（7）为学校领导提供决策参考情报，每年应报道几次与本校专业有关的水平发展动向，对口学校的活动情况，教学方法的重大改革的消息等等，供领导制订计划时参考。

（8）根据学校专业特点和干部条件，编印有关的国内文献资料检索工具，填补国家检索体系中的空白，挖掘情报资源的潜力，促进科技事业的发展，并为将来建立中文数据库积累经验，培养干部。

（9）教育部最好能在全国范围内选择几所高校图书馆引进计算机，进行情报检索服务试点，促进国内有关科研项目的发展，特别是汉字信息处理在情报工作中 的应用，争取早日实现自制设备，自建数据库，逐步形成高校间的网络，为建立全国性和地区性的情报网作出贡献。

谈谈计算机在图书情报工作中的应用 *

一、电子计算机在国外图书、情报部门的应用

世界上在图书、情报部门应用电子计算机，美国最早。从 20 世纪 50 年代起，美国海军兵器中心图书馆开始用电子计算机编制文献索引，60 年代建立了 MEDARS（美国医学图书馆医学文献分析与检索系统）、CA（美国化学文摘磁带版）、LC-MARC（美国国会图书馆机器可读目录）等系统，70 年代达到网络化与普遍应用的水平。西欧、北美的一些国家和日本、澳大利亚等也相继推广了这一政策。目前在技术发达的国家几乎已将计算机应用到图书、情报部门的全部业务工作中。

（一）文献的搜集

出版部门和书商提供机读的订货目录，图书、情报部门通过计算机进行选书。图书选好以后，可自动地打出订单与建立采购文档，做出订书数量（可分类）与经费支出（可分部门）的统计。如因经费限制一时不能订购，还可建立待购文档。采购文档随时满足各方面的查询要求：某种书（或某作者的书）订购了没有？到货了没有？某单位

* 本文发表于《情报科学》1980 年第 3 期。

订购了多少书？到了多少？本年度经费预算是多少？已花多少？还剩多少？等等。

图书收到后，通过计算机核对无误后，自动打出结算账单（书店的与本单位财务部门的）、收到图书报告（报告馆长，推荐订购人及编目部门），并更新采购文档，注明图书收到日期，记上财产登记号。

订购撤销或图书缺货，均可记入采购文档备查。书商还可告知此书为何人购去，提供借阅线索。

（二）图书编目与目录查找

美国、英国、加拿大、联邦德国、日本等国家都已实现了计算机化的统一编目，特别是美国国会图书馆的 MARC 磁带已为全世界的许多国家服务。

在美国，80% 以上的图书由 MARC 磁带提供目录数据，由地区中心提供目录卡片、代书片和书标。MARC 磁带上有的，首先查询当地中心有无编目，没有时还可查询全国中心。如已编目，由中心提供目录数据和目录卡片、书标。如未编目，按 MARC 格式编写目录数据，并报告中心。所有查询与处理都是通过计算机进行的。编目完毕可自动产生各种统计数据，打印新书通报，编辑联合目录。OCLC（俄亥俄学院图书馆中心）是美国一所较大的编目中心，有一千多个图书馆或情报单位，每年生产一千多万张目录卡片。

一般图书馆或情报部门都同时具有机读目录文档与卡片目录两种系统。简单查找仍使用卡片目录，广泛查找资料使用机读目录。

机读目录文档可从著者、书名、主题、分类、年代、地区、文种、财产号、统一书号等多种信息，包括其变化的情况，如著者真名，书名的别名、译名、原名，多主题、多分类、多版本等，进行查找。在远程联机终端上，千里之外，瞬息可得。

（三）流通管理

读者的借书证卡是机读形式的，查到要借的书以后，先出示借书证进行借书资格审查，确认是否为在本馆有借书权的读者，有无过期图书，可借图书的范围，等等。审查完毕再交借书单，先查所借书是否在库。如在，取出，通过计算机办理借书手续；如不在，即查书在何处，或为何人借走，何时到期，能否预借，如可以则办理预借手续，约定借书日期，到时由馆方通知原借书人提前归还。还书亦由计算机办理手续。

读者借还书记录每天记入外借文档。此文档除供统计与查询外，还可自动通报过期读者名单。

（四）期刊管理

期刊采购、编目与流通的计算机处理，除具有与图书一样的功能外，还由于期刊本身的特点，有一些特殊的功能。

期刊文档能自动记到，过期未到可自动打出催询单。年终能自动结算经费，指出差额。期刊到齐，可自动打出装订单，并控制装订情况。期刊文档还有期刊历史的记录，能反映刊名、刊期变化，包括分拆、合并、停刊、复刊、版权转让等多种情况。

（五）馆际互借

许多国家已经形成计算机化的馆际互借网络，设有全国性或地区性的书目中心与转接中心。要求借书的图书馆，通过计算机向书目中心提出借书要求，书目中心马上答复，并通过转接中心自动地通知最近的一个馆，如这个馆的书已借出，会自动地转到下一个馆，书找到后即寄到要求借书的图书馆（或提供复制品），并自动记录下来，进入馆际互借文档，产生有关的统计。到期不还可自动发出催还通知。

（六）编制文摘索引

用计算机编制文摘索引是图书、情报工作自动化的开端。利用计算机抽取文献的关键词、编制各种索引、题录文摘，自动照相排版等，节省了人力，提高了质量，大大缩短了出版周期，文摘杂志的出版周期从 6~8 个月缩短到 1~2 个月。此外，文摘的磁带版比印刷版发行更为迅速，并可用计算机进行检索，后来发展为各种各样的数据库，使情报检索进入一个崭新的阶段。目前，全世界的主要文摘杂志都已有了磁带版，还有一些专门的机读数据库，总计已有1000 多种。

（七）情报检索服务

用计算机查找资料速度快、效率高。一分钟可以检索1800篇资料，2 小时可以查阅 5 个专业的全年资料，准确率可达 70%~80%。科研人员在几分钟内就可以了解到自己所从事的科研课题的全部情况。图书、情报部门可以进行定题通报（SDI）服务，也可以开展回溯（RS）服务。这就节省了科研人员手工查找文献的大量时间。

通过计算机不仅可以得到所需资料的著者、篇名、文摘、索取号等的打印件，有的还可打印出所需资料的全文，只要数分钟就可获得几百页的资料。

中国计算机考察组访美时，在一友人家做客，主人利用终端当场演示计算机网络的功能。主人要求客人在终端上提出问题，客人问当天美国报刊上登了几条有关中国的新闻。通过美国东部波士顿的这位朋友的家庭终端，向远在几千里外美国西部的斯坦福大学的资料中心提出了查询请求。仅仅几秒钟，回答就来了。打字机自动打出五条新闻的标题。客人又要求提供一条新闻的全文，不到 3 分钟，打出了这条新闻的 300 多字的材料。

美国医学图书馆建成一个全国性的联机网络（MEDLINE），有 11 个地区中心，100 多个基层点。可同时回答 50 多个用户终端的提问，平均 10 分钟就能查完一个课题，相当于用 30 种语言浏览两千多种医学杂志的几万篇文献。目前全世界有 100 多个检索网络，有 500 多台计算机专门用于检索。

（八）统计

计算机可以自动产生各种统计数据，包括各个业务部门完成的工作量、人员工作效率的分析、各种参数的对比情况。这为总结工作、制定计划提供了可靠的依据。

二、计算机在图书、情报部门应用的基本原理

计算机在国外图书、情报部门的应用，经过了批量处理、联机操作和网络系统三个阶段。

三个阶段划分和计算机的技术发展情况是相适应的。在应用的初期阶段只能做批量处理，进入第三代计算机以后才可以联机操作，而通信技术的发展，特别是通信卫星进入太空，才使网络系统成为可能，做到"千里之外，瞬息可得"。

　　计算机使图书、情报工作发生这样大的变化，其原理主要是充分利用计算机的以下几种功能处理图书、情报工作的业务问题。

（一）利用计算机存储信息的能力

　　计算机存储的虽然是机器代码，但文字可以转换为代码，可以把目录、索引、文摘和文献正文转换为机器代码存储到计算机中，这就是机器可读信息。其处理步骤为：①原始文献→②人工编辑数据→③填写工作单→④穿孔或键盘处理→⑤转换为机器代码→⑥存储在磁质载体上→⑦编辑打印→⑧产生目录索引或文摘。①～④由人工处理，⑤～⑧由计算机处理。

（二）利用计算机的外存能力

　　当前，不论多大的计算机，它的内存总是有限的，几百万字节的内存是相当大，也存储不了几十万册图书的目录，何况计算机本身还要占用很大内存。但是磁盘、磁带这些外存设备却解决了这个问题。目录、索引、文摘和文献正文的信息都是存储在磁盘或磁带上，使用时再调到内存，既便于信息的存储，又便于信息的传递，实际上已成为机读形式的出版物，可以买卖交换。在一些大的书目、情报中心，它们也成为一种特殊形式的"书库"。像洛克希德系统就有上百台磁盘机，存储着几千万种文献的信息。

（三）利用计算机的输出设备

计算机的打印设备可以自动输出书目、索引、文摘，由计算机控制的光电照排设备进行制版印刷。计算机的 COM 设备可以自动产生书目、索引、文摘或文献本身的缩微胶卷或平片，并可把这些缩微胶卷或平片翻印成纸拷贝。还有图书、情报部门专用的目录卡片打印机，可以自动打印目录卡片和订购单、催询单、催还通知单，等等。

（四）利用计算机的高速运算能力

计算机不仅具有高速数值计算功能，还具有高速逻辑运算功能（即字符与字符、字符串与字符串的逐个比较的功能）。百万次的计算机在一秒钟内可计算（或比较）一百万次，实际上还有许多新技术加快了查找速度，这是人力远远不能做到的。情报检索就是进行逻辑运算，因而几分钟内就可以从几千万种文献中找到所需的信息。

（五）使用计算机的软件功能

计算机的应用软件不仅使计算机在图书、情报部门的应用成为可能，而且使其功能不断提高，能从极其广泛的范围查找所需字段而不用查找整个记录。倒排文档（或称"索引文档"）的建立则使查找速度大大加快，使人们过去想做而做不到的事，如多重分类、多重标引、分析、参见等成为现实。计算机的抽词处理使编制关键词轮排索引成为很容易的事，计算机的排序功能使编制书目、索引、文摘及联合目录的工作变得十分方便。而最新发展的数据库管理系统，一方面节省了存储空间，另一方面提高了检索效率，既能更好地为读者服务，又可降低操作费用。

（六）利用计算机一次存储、多次使用性能

计算机的存储器（内存）或磁盘、磁带（外存）上存储的字符信息，和录音磁带上的声音信息一样，只要不做清空处理或存储新的信息，原来的信息可以反复使用。利用可以反复使用这个特性，就可以做到一家建档，大家使用；一次建档，永远使用；一个文档，多方使用。

（七）利用光学和通信技术的最新成果

现代缩微存储技术已达到一张 10cm×15cm 的超缩微胶片，可存储 3200~6000 页图书资料，几百万册藏书只要几盘胶卷就够了。而且可以用计算机进行控制，这比磁性载体要大大节省费用。

电缆的发展，使图书馆的服务终端可以直接延伸到家庭、学校和办公室，使用户查找资料更加方便。

三、国内图书、情报部门对应用计算机的研究与试验

从 1974 年起，国内开始注意把计算机技术应用到图书、情报工作中。

（一）在国产计算机上自行研制图书、情报部门的应用软件

在国产计算机上进行研制的单位有中国科学院计算机所、上海计

算机所、中山大学、武汉大学、清华大学、山西大学、一机部情报所等。其中较有成就的是中山大学数学系计算机软件教研室。进行时间较长、涉及面较广的是中国科学院计算机所与科学院图书馆合作研制的 QJ—111 系统。

广东中山大学数学系计算机软件教研室，1976 年在国产 130 计算机上编成"多用户情报检索系统"，1978 年投入实际应用，取得一定成果，并证明该系统可应用于图书、情报部门各项工作环节的数据处理。他们的经验总结被写成《电子计算机情报检索系统》一书，已由中山大学科研处情报资料科出版。

中国科学院计算所从 1973 年起在国产 QJ111 机上用汇编语言编写情报检索系统。1976 年与中国科学院图书馆合作，试编机读文献索引。以激光为主题，选了 30 多种西文期刊，编了 10 000 多条记录，可按主题、分类、篇名、著者进行检索。计算所耿立大同志 1979 年底在情报学会年会上宣读了《国产计算机情报检索系统 QJ—111 概述》的论文，作了全面的总结。

山西大学数学系在国产计算机上试编了山西地区期刊联合目录。一机部情报所在国产 DJS—C4 机上试编制造专业文献 500 多条。后来武汉大学与所合作，在 QJ—16 机上又试编了少量数据。

所有这些努力，都为应用国产计算机研制情报检索系统积累了经验。

（二）在引进的国外计算机上研制图书、情报部门应用软件

在国产计算机上的试验，受到了机器条件的限制。一是硬件、软件与国际市场出售的数据库不能接口，二是外部设备不配套，三是系

统没有高级语言，用汇编语言编写，既费时费力，又不能共用，不利于推广。因此种种缘故，北京航空学院计算站、南京大学数学系、上海交通大学等一些单位又转而在引进的计算机上研制图书、情报部门的应用软件。

北京航空学院计算站的 FELIX—c256 机配有 COBOL 语言，国防科委情报所、一机部情报所等单位引进国外数据库，利用这台计算机进行定题通报的试验，与此同时北京航空航天大学图书馆也与该站配合，试编了流通管理程序。

南京大学数学系承担了"748"项目的软件研制任务，他们先利用北航的计算机，后又利用南京化学工业公司计算机站的 S 4000 机，仿照 MARC 格式，用 COBOL 语言编写了一套西文图书机读目录的建立与检索程序。并与南京大学图书馆合作，进行实际试验。两年中输入近 10 000 条记录，进行新书通报服务。他们写成《一个实用"SDI"系统— NDTS—78》一文，在图书馆学会成立大会上进行了交流。与此同时，他们深入开展了科学研究与教材建设，取得了很多成果。他们还多次举办短训班进行推广，对培养图书、情报部门应用计算机的人员作出了积极的贡献。

（三）引进国外数据库进行"SDI"服务

这项工作在国防科委有关单位进行得最早，取得的成果最大。

全国地质图书馆引进美国地质磁带，在地质科学研究院计算机站M160 机上，用 COBOL 语言结合汇编语言，编写 SDI 服务程序，进行试验服务，已取得相当成果，目前准备正式对用户开放。

化工部情报所引进化学文摘磁带，在南化计算机站 S4 000 机上，用 COBOL 语言结合汇编语言，编写"SDI"服务程序，已在化工系统内部试验服务，从 1980 年 5 月起公开为全国用户服务。

据中国图书进口公司的资料，从国外引进数据库共 18 种，大都处于试验阶段。

四、对计算机在我国图书、情报部门应用的几点看法

我国图书、情报部门应用计算机还处于准备阶段，条件较差，困难很多。如何着手应用，需要热爱图书、情报工作自动化的同志共同认真讨论。

从目前的情况来看，除个别单位外，图书、情报部门本身没有计算机，已有的计算机只能批量处理，不能实时操作。输出设备不配套，更没有图书、情报部门需要的专用设备。汉字信息处理系统尚在研制之中。图书、情报方面的应用软件基本没有引进，国内则刚刚开始研制。技术人员缺乏，图书、情报部门的业务工作准备很不够，即使有计算机一时也用不上。在这种情况下，想在短时间内达到国际先进水平是不现实的。

但是，经过几年的探索，我们创造了一定的条件，这是我们赖以前进的起点，也正是我们实现图书、情报工作自动化信心的所在。

我们认为，在我国图书、情报部门应用计算机，总的步骤应当是："从引进到自制，从租用到自购，从批量到联机，从西文到中文，从内部到联合，从脱机处理到实时操作。"具体地说，情报部门从联合引进国外已有的数据库，租用外单位计算机，进行"SDI"服务着手；图书馆界从联合引进 LC-MARC 磁带，租用外单位计算机，进行西文图书

的统一编目与联合目录服务着手。这样做可以达到"熟悉机器，改进业务，培养干部，积累经验"几个方面的目的。按照这个步骤，能充分利用现在有利的条件，集中可能集中的人力、物力，解决图书、情报部门最迫切需要解决的问题——为实现"四化"提供最新科技资料。经过一段时间努力，创造好条件，待国家财政力量与技术力量一旦具备，即可全面实现图书、情报部门的计算机管理。现在逐点说明这些看法：

第一，国产计算机目前条件不具备，编出的应用软件与其他计算机互不兼容，引进国外数据库也不能处理，外部设备满足不了图书、情报部门的需要。因此，个别单位进行研究、试验是可以的，但作为实际应用进行推广似乎不太可能。在引进的国外计算机上，一方面可以用国际通用的高级语言（目前大部分用 COBOL）编写程序，既能兼容，利于推广，又能处理引进的数据库。另一方面还可以吸取国外图书、情报部门应用计算机的经验，以比较新的水平为起点，这样使用一个过程，既培养了干部，又推动了业务工作的改进，对国产计算机的提高也有帮助。因此，图书、情报部门在引进的计算机上进行实际应用是符合我国当前情况的，也是可以进行的。

第二，图书、情报部门本身没有计算机，而且短期内不能购买，但我国引进计算机的单位已不少，而且大多数使用率不高。可以利用其他单位已有的计算机。英国不列颠图书馆开始也是租用的计算机，搞成了 UK—MARC（英国机读目录）。租用计算机，同样可以完成我们所要做的工作，而且可以减轻管理机器的负担（图书、情报部门在这方面的技术力量是很缺乏的），对自购计算机也是很好的准备。

第三，目前我国的通信技术与配套设备都存在很大差距，同时自编的数据库还一无所有。因此，联机、网络、实时处理，当前均无法做到。而图书、情报部门亟待开展的统一编目与 SDI 服务完全可以用批量方式处理。国外的发展也经历了从批量到联机、从单机到网络的过程，我们必须从现有技术条件的实际出发，不应去追求一时无法实现的网络化。

第四，汉字信息处理虽有了很大进展，但离实际应用还有很大的距离。已经引进的计算机只能处理西文数据，而当前实现"四化"对国外科技文献的检索需求又很大。日本的做法是从引进处理西文数据的技术入手逐步积累经验，从而实现对日文数据的处理。这是一种值得借鉴的做法，也是实际上要考虑的一个问题，可以先从处理西文数据做起，经过一段时间再用于中文信息的处理。

第五，图书馆编目工作和情报部门的服务，较适合批量处理。而流通管理，问答式的查询服务，实时性很强，在本身没有计算机的情况下很难做到。而且有些外部条件，如机读借书证、台式读卡器等，国内至今尚未引进。目前条件尚不具备，先引进国际市场上可购置的数据库较为可行，用过一段时间，自己就可以造了。问题还是在于要承认有一个学习过程。

计算机及其在图书、情报部门的应用，虽然是门新技术，但是只要认真对待，刻苦学习，勇于实践，不断总结，是能够学会的。入门既不难，深造亦不难。目前图书、情报部门从事应用计算机准备工作的，大多是半路出家，专业人员很少。但经过几年摸索，已经出现了不少人才。学习外国经验固然必要，但总还要自己动手。中国图书、情报部门自动化是一定能实现的。

北京地区西文图书机读目录研制进展 *

一

1975 年，刘国钧教授发表了《"马尔克"计划简介——兼论图书馆引进电子计算机问题》一文，第一次向我国图书馆界较为全面地介绍了美国国会图书馆研制、发行的西文图书机读目录——MARC。他当时还将图书、期刊、地图的 MARC 款式说明书第四版译成中文，后来又发表了《用电子计算机编制目录的几个问题》一文，提出了在我国建立机读目录的设想。刘国钧教授的工作，对我国西文图书机读目录的研制起了先导的作用。

1978 年，朱南同志在北京图书馆第二次科学讨论会上，发表了《利用 MARC Ⅱ机读目录系统建立书目数据库共享情报图书资料的探讨》，全面分析了 MARC 磁带的内容与格式，并与国内西文图书编目的实际情况进行了对比，文章中首次提出引进 MARC 磁带，用以建立我国西文图书书目数据库，存储全国情报图书资料馆数据的设想，这些观点引起图书馆界的广泛注意。1979 年，沈迪飞同志在中国图书馆学会成立大会上，发表了《谈谈我国图书馆应用计算机的起步问题》

---

* 本文发表于《图书情报工作》1983 年第 5 期。

一文，总结了他们应用计算机试编书目数据库的经验，具体提出：由图书馆界与图书进口公司协作，引进 LC-MARC 磁带，从编制西文图书目录卡片与书本联合目录着手，逐步建立我国西文图书书目数据库，他的意见得到了与会同志热烈响应。

另外，曾民族和高崇谦二同志，在 1975 年将日文《情报管理》杂志中的"计算机和它的应用"讲座译出，以《电子计算机在情报工作中的应用》为书名出版。该书对我国图书情报部门研制的计算机应用软件起了推动作用。1978 年初，南京大学数学系情报检索教研室首先进行了编制西文图书机读目录的尝试，他们仿照 MARC Ⅱ 款式编辑书目数据，试验输入了几百条西文图书的书目记录，第一次用计算机打印成书本目录。

1979 年夏，联合国开发署在北京举办图书情报部门应用计算机的讲座，邀请美国国会图书馆高级系统专家夏特朗先生和计算机情报检索专家丁致锦教授来华讲学，他们详细介绍了国会图书馆研制机读目录的系统工作及其经验教训，并进行了深入的讨论。北京地区各主要图书馆均有人参加，会外就研制我国的机读目录问题，广泛交换了意见，形成了比较一致的看法：即必须由图书馆界通力协作，利用 LC-MARC 磁带，在引进的计算机上逐步试验，先建立北京地区西文图书机读目录数据库，而后再着手中文图书机读目录的研制。这是借鉴了国外的各种经验教训，面对汉字信息处理问题还未解决，而"四化"建设对西文图书的需要又很迫切的实际情况决定的。1979 年年底，北京图书馆、中国科学院图书馆、北京大学、清华大学、中国人民大学和中国图书进口公司六单位的有关同志，经过多次协商，决定成立北京地区研制西文图书机读目录协作组。协作组于 1980 年春正式成立，北京图书馆于同年开始订购 LC-MARC 磁带。从此，我国图书馆界研制机读目录的事业进入了一个新的阶段。

<h1 style="text-align:center">二</h1>

两年多来，协作组主要做了下面一些工作：

第一，进行西文图书机读目录处理系统的调查与分析，提出了初步系统设计任务书。协作组收集、翻译与讨论了美国国会图书馆研制MARC 磁带的有关资料，主要有《MARC 的历史与实现》《MARC 试验计划》《书目查询的信息格式》等，并根据《图书机读格式》1972 年第 5 版以及随后发给用户的 19 个修改通知（截至 1980 年 4 月）重新翻译了图书 MSRC 款式的说明书。对西文编目工作处理流程和功能要求进行了调查，并搜集了有关的数据。从计算机处理技术与西文图书编目业务两方面深入研究了我国西文图书机读目录处理系统的总体设想。经过半年多反复讨论，他们写出了比较详细的系统任务书，包括系统目标、功能要求、设备条件、处理流程、文档设计、数据准备、工作进度、经费负担等具体内容。并附有详细的流程图和应用程序的研制要求。系统任务书的设计思想，在"利用 LC-MARC 磁带进行西文图书编目处理的模拟系统"中基本得到实现，这标志着研制机读目录系统迈出了第一步，并为以后的工作积累了经验教训。

第二，研制利用 LC-MARC 磁带编制西文图书目录的模拟系统。1980 年夏，协作组收到了 LC-MARC 样带，决定研制一个模拟系统。经过半年时间，到 1981 年初调试成功。在此过程中，协作组对 MARC磁带的信息结构与记录格式作了较为深入的剖析，确定了文件组织方式与数据结构形式。一方面充分利用了 LC-MARC 的技术成果，另一方面从国内的实际应用出发，分别建立引进 LC-MARC 记录有而国内未购的图书书目记录和我国已购入图书的书目记录两个主文件。同时对美国八个书目系统所采用的十种索引文档的不同格式也进行了分析，根据目前我们的条件决定建立书名、著者、ISBN、LCCN 四个逆转文件为索引，并确定了使用批量查询的处理方式。

模拟系统共计编制了 18 个应用程序，采用了模块化结构，指令总数近 10 000 条，实现了对西文图书进行编目处理的全部功能要求：将要编目的西文图书，从 LC-MARC 查询并抽取已有的书目记录信息；LC-MARC 没有的，自编数据建立书目记录；两种书目记录信息合并成统一的主文件；从主文件中用前方截断方式抽取书名、著者、ISBN、LCCN 四种信息，建立相应的索引文件；打印目录卡片和书本新书通报。模拟系统的结果表明，如果各方面条件具备，LC-MARC 是可进行实际应用的。它标志着我们在应用软件的研制上已达到一定的水平。阿芙拉姆女士 1981 年 5 月来华时，对这一成果作了较高的评价，她说"你们完全靠自己的力量，取得这样的成绩，是很了不起的"。

第三，利用 LC-MARC 磁带选择国际共运史方面的采购参考书目，解决了用户单位的急迫需求，也使 MARC 磁带得到了实际应用。

中共中央党校在 1981 年 7 月准备引进一批有关国际共运的书籍，但国外商家没有这方面的专题书目，因此一时无法提出订单。

我们根据中共中央党校的要求，确定了以杜威分类法（选了若干类目）、出版国（选定若干个国家）和语种（选定若干种语言）这三方面为查询途径，用 10 天时间将已引进的 1979 年 4 月至 1981 年 3 月的 LC-MARC 磁带顺查一遍，从 413 000 余种记录中，选出了千余种图书，命中率为 0.25%，经图书进口公司有关业务人员和中共中央党校鉴定，所选图书不仅数量多，而且质量高，范围比较广泛，引进以后大大丰富了研究国际共运的资源，因此受到研究人员的热烈欢迎。在这样短的时间内提出这么多的采购参考书目，是人工很难做到的。

后来，还以同样方法为其他单位选书，都取得了比较好的效果。这些成果一方面说明了我们的技术水平可以处理 MARC 磁带的实际应用问题，另一方面说明了 MARC 磁带的资源价值。如能充分利用 LC-MARC 磁带选择采购参考书目，将为我国引进西文图书开辟一个新的书目信息来源。

第四，自编数据建立"北京地区西文新书联合通报"系统有了相当进展。1981 年 7 月，协作组总结了模拟系统的研制工作。一方面由于客观条件的限制，这个模拟系统无法向实用过渡。另一方面，在模拟系统中，自编数据量很少，是个薄弱环节。因此，除去继续探索MARC 磁带的利用方法以外，协作组还以五个参加馆的西文新书目录卡片为数据源，试验用计算机自编数据编制"北京地区西文新书联合通报"。试编期间，输入近 8000 条记录，编出两个样本。这次试验在数据处理工作上有较大的突破，在大量的数据处理过程中碰到了各式各样的问题，从而加深了对 MARC 款式的理解。在此基础上，我们写出了"MARC 款式编辑细则"（初稿）。由于自编数据是建立西文图书机读目录回避不了的工作，即使采用 MARC 磁带，总还有相当部分图书需要自编数据，这是书目数据库建立的一个条件。这项工作不仅为西文图书机读目录的格式编辑培养了人员，而且为今后研制中文图书机读目录积累了经验。数据处理的重点是保证格式编辑的正确性与终端输入的准确性。为此，我们在格式编辑上，经过初编、复校、总校三个环节；在终端输入上，除输入员自校外，还有专人验收，并由两人分别输入同一记录，最后通过机器校对把关。即使如此，已输入的数据仍发现有 1%~2% 的错误。我们正在总结经验教训，一方面要不断提高人工校对的质量，另一方面也在考虑充分利用计算机的能力，增加查错及处理的功能。

机编联合通报是一个实用性的试验系统，又是在没有实现标准化情况下进行的，这就给应用程序的设计带来了一系列的困难。由于各馆著录规则不一，各馆又不著录 ISBN 号，为了做到准确查重归并，在逆转文件的设立与查询处理方式上，都有许多复杂的要求。又由于五个馆使用了三种不同的分类法（中图法、科图法、人大法），要自动归并为一个分类表打印联合通报，处理这个问题时碰到了许多想象不到的难题。但是通过这项工作，我们的软件水平又有了新的提高。

三

经过两年的实际试验，我们对许多问题有了更加深入的认识。

通过实践，我们认识到系统可行性的关键是从实际出发，必须立足于现实条件许可的基础。我们的指导思想曾有过系统范围越大越好，收集数据越全越好，检索途径越多越好，处理功能越强越好，运行效率越快越好，自动化程度越高越好。试验当中就常常此路不通。经过几次反复，我们吸取了教训，要量力而行。不能照搬国外的例子，要考虑我国的具体条件，尽管我们应当努力争取更好的条件，但实际的研究项目不能立足于那种思想。

通过实践，我们还认识到系统研制也必须从实际出发，我们坚持了这一条，因而逐步弄清了书目数据的特点，明确了我们所要解决的问题：① MARC 磁带不能买来就用，一定要经过我们自己研制；②编目处理一定要查重，因此检索是回避不了的，必须积累数据，建立索引文档，这样磁盘容量要求就很大；③编目处理没有现成的应用软件，必须我们自己研制；④编目处理要有英语大小写字母，要有德、法、西等各种拉丁语字母的输入输出设备，还要有专用的目录卡片打印纸；⑤编目处理和业务部门关系密切，必须有编目人员的直接参加，而且涉及许多业务环节的改革；⑥机读目录是关系到整个图书馆界的事情，个别单位不能单独进行工作。

因此，机读目录的研制必须有机器设备的特殊支持和业务部门的有力配合，两者缺一不可。我们在设计时对此估计不足。按系统任务书要求的处理功能，目前国内已有的计算机均不能满足需要；业务部门的工作牵涉到各方面的改革，短时间内也无法实现。

两年来的实践说明，原先的系统任务书必须进行调整。

第一，原设计应用 LC-MARC 磁带为中国图书进口公司提供征订目录数据，并以此为基础，实现进口公司部分业务和图书馆西文图书采购业务的计算机处理。还考虑以此数据作为西文图书编目处理的基本文档，从而回避 LC-MARC 数据量太大的问题。这个设想是好的，但它的实现不仅仅有技术问题，更主要是涉及进口公司整个业务的改革，甚至要改变机构的设置，这就不是短时间内能够做到的。

现在把这个目标调整为一般的 SDI 服务，利用 MARC 磁带为有关单位选择采购用的参考书目，并可根据用户的不同要求，分别提供卡片式、书本式或磁带式目录。这样不涉及进口公司和各单位的正常业务，所以，就有实现的可能。

第二，原设计利用 LC-MARC 将引进的西文图书进行统一编目，要求有查重处理，并加注中图法、科图法的分类号和馆藏单位代号，MARC 上没有的用自编数据。在研制过程中，发现有一系列困难使上述目标难以实现：①目前我国没有西文图书的统一编目部；②直接查重处理必须要有大容量的直接存取设备为后台，目前条件不能满足；③所有进口西文图书集中查重，加注中图法号、科图法号，还要自编一部分数据，人力干预量太大，影响编目处理速度，使新书不能及时发货，而且所需业务人员太多，即使统编组恢复，也解决不了问题；④不利于调动各用户单位的积极性。

根据目前的实际条件，改为由用户在订购西文图书时即以该书的 ISBN 号提出订片要求，而后利用 LC-MARC 带定期分批处理，向用户供应目录卡片（上海地区已解决目录卡片打印纸的生产问题），卡片上提供分类号和主题词，作为用户分类标引的参考。这样做虽然质量差一些（无查重处理，所有的订购片都要求按新书编目），满足率也低一些（对没有 ISBN 和 ISBN 不匹配的图书不提供订购卡片）。但条件简单，目前能够做到。这项工作如能与 MARC 的 SDI 服务配合，则效果将更好。据有些同志估计，如果利用 MARC 能处理引进西文图书有三分之一，MARC 的资源价值就可以得到充分的肯定，就能在实际中得到广泛地应用。

第三，原设计在统编处理后，自动生成新书联合通报。后因统编无法做到，改为自编数据编新书联合通报。从研制的情况看，可以实现，但也有一些问题：①用各馆已编目的卡片为输入数据源，是一种重复劳动，西编部门受益不大，只能省去自编新书通报的工作，尚调动不了他们的积极性；②各馆著录分类方法不一，给计算机处理带来一系列困难，而且影响数据库的质量；③费用上只有将来出售联合通报的收入，不能长期维持。

根据上海地区的经验，我们打算把联合通报系统改为联合编目系统。即由各参加馆的西编部门根据原始书目信息，直接填写 MARC格式工作单，由计算机打出所需目录卡片和财产登记账，并定期自动产生新书联合通报。如与改进后的 SDI 服务及编目服务配合，可从MARC 数据中获取一部分书目信息，省去人工编目的劳动，则效率会更高。

四

图书机读目录的研制，从技术力量、设备条件、所需费用，到业务处理和实际操作，都不是一个图书馆能承担的，它是一个社会性的事业. 各国的经验说明，没有编目事业的社会化，就无法实现编目事业的自动化。而且没有编目事业的社会化，也做不到编目事业的标准化；没有标准化，也就很难实现自动化。反之，在现今条件下，没有编目事业的自动化，也实现不了社会化、标准化，这三者的关系是相辅相成的。因此世界各国都是以社会的力量推动机读目录事业发展的，美国是以国家力量资助国会图书馆研制 MARC，同时各图书馆还分别建立了 OCLC、RLIN、WLN 三个联合编目系统。英国是以图书馆的集体力量研制 UK-MARC，同时还有 BLCMP 集中编目系统。

吸取世界各国经验，我们以图书馆界的集体力量，用协作的方法研制北京地区西文图书机读目录，而且两年以来的工作也是很有成效的。由于我们从一开始就注意按统一规格处理书目记录，对于文献著录标准化和资源共享都有所推动，在应用软件的研制上也避免了重复浪费。随着工作的进一步深入，取得更多成果，对整个图书馆界将有一定影响。

在协作组各单位之间，我们还注意了互相取长补短，共同为我国的机读目录事业作出贡献，因而关系较为融洽。但是，由于各参加单位的具体条件不同，协作组只有不断改进工作方法，方可进一步调动各单位的积极性，把协作搞好。根据两年来的工作情况，参照其他协作组织的经验，协作组宜采取"统一规划、分头工作，单位负责，协调交流"的方法。前面提到对原有设计思想需作三方面的调整，调整以后仍然是一个大系统，但也可形成三个独立的小系统。在一个大系统中同时实现几方面的功能，计算机处理的效率较高，一个数据信息可以反复使用，不需要系统之间的接口。但实际工作有很多不便，各单位的人员不能就近上机，某个单位的人员发生变化，其他单位的人员就无法工作或受到影响，特别是不能集中业务人员进行数据准备工作。

我们打算将系统划分为三个小系统，由各单位分别负责，这样灵活性较大。可以充分利用本单位的设备条件，选择就近的计算机站，人员调剂方便，不受单位之间的制约，与本单位业务人员配合也较容易。1982 年将按下列三个项目进行研制工作：①利用 LC-MARC 磁带进行 SDI 服务；②利用 LC-MARC 磁带提供西文新书目录卡片；③编制北京地区西文新书联合通报，逐步向联合编目方向发展。由协作组内一个或两个单位分别承担一个项目，按照统一的规格设计各自的系统，其中每一个项目的完成都不受其他两个项目研制进度的影响，而每个项目完成后，则对其他两个项目产生推动作用。三个项目全部完成以后，将成为一个完整的西文图书机读目录处理系统。这样做不仅责任明确，而且能互相促进。由于三个项目是分别进行，并将在不同型号的计算机上进行处理，这就必然推动文献著录格式和信息交换格式的标准化进程。同时，由于要研究解决不同计算机之间信息交换的接口问题，也就为将来实现网络化作出了贡献。因此，分头工作不仅没有削弱协作组的活动，而且对统一规划提出了更高的要求，各个小系统在具体工作上可以各有特色，但系统功能和数据格式必须符合系统的总体要求。各单位在软件技术和数据准备上各有长短，每个单位在工作中发生问题，协作组就召集有关人员帮助研究解决。研制过程中，还组织了一些交流活动，及时通报情况，促进整个系统的研制进度。

上述项目全部完成以后，收到每期 MARC 磁带，即可向有关单位提供所需采购参考书目，各单位选择订购以后，即可建立采购记录；各单位从其他途径获得的采购参考书目，选择订购以后，可以用每种新书的 ISBN 号从 MARC 磁带中提取其相应的书目信息，建立采购记录，并与前者合并为完整的机读订购文档。新书到馆后，即可从这个文档中提取书目信息进行加工，转换为编目文档；采购文档中没有书目信息的，则由编目人员自编数据，转入编目文档，这就是一个馆的西文新书机读目录。而后，各参加单位即可向新书通报系统提供机读形式的新书信息，代替目前的目录卡片，那时联合通报编制的速度与质量，都将得到很大提高，并逐步形成机读联合目录。在条件许可时，有了较大的存储容量与处理设备以后，就可以发展成为批量处理的联合编目系统。

五

要加快西文机读目录处理系统研制的步伐，必须有一定数量的西编人员参加，这个问题在协作组成立之初便已提出。由于引进西文图书数量日增，西文统编组又解散，各馆都有不同程度的积压现象。西编人员压力很大，而在模拟系统研制过程中，又只能是纸上谈兵，解决不了西编的实际问题。后来编联合通报，对各馆来说，受益也不大。因此，西编人员对机读目录的研制，始终兴趣不大。许多业务问题要由计算机技术人员去解决，这就有很多困难，数据准备工作进展很慢。现在由于设备条件的改变，已能直接将部分西文图书用计算机进行编目处理。这不仅为调动西编人员研制机读目录的积极性创造了有利条件；而且对推动图书著录标准化，解决西编业务中存在的问题，也提供了可能性。当前，需要抓紧解决下面一些问题：

（1）实现西文图书目录卡片著录标准化。现在，一方面可以从LC-MARC磁带中提取信息，直接打印出目录卡片；另一方面也可以采用手工编辑的方式，按MARC格式；输入信息，打印出目录卡片。这就需要尽快确定目录卡片著录和磁带记录格式的标准，使自编的书目信息和从LC-MARC上提取的书目信息能按统一规格记入文档。在这方面，文献标准化委员会已做了大量工作，现在需要沟通标准化与自动化两方面的研究情况，并进行实际应用的试验，互相配合，解决存在问题。

（2）举办西编人员培训班，使他们尽快掌握计算机编目和MARC格式的编辑业务。前几年，图书馆自动化干部培训的重点是培养编制应用程序的技术人员，但是，随着机读目录研制的深入发展，现在需要注意到业务人员的培训，这是比较薄弱的一个方面。只有大量西编人员加入机读目录的研制行列，数据准备工作才能有可靠的基础，质量才能有所保证，计算机在图书馆才能真正进入实际应用。西编人员的培训班由少到多、由浅到深。首先组织一批业务水平较高的人员，边学习，边讨论，边实践，结合研究著录标准，解决数据准备中的实际问题，制定编制我国西文图书机读目录的处理细则。在此基础上，再逐步扩大培训范围，就一定能在较短时间内培养出一批机读目录编辑人员，研究解决一些重大业务问题。

（3）选择一两个馆进行试点。开始只处理一部分西文图书，有了实效后再逐步扩大到处理全部西文图书。这时，手工编目系统仍要继续保留，经过较长时间的考验，证明机编系统完全可靠以后才能停止使用。这种实际应用所要解决的不仅仅是计算机处理技术和 MARC 格式编辑业务的问题，而是要解决图书馆传统方法向现代化方法过渡的一系列问题：业务人员的工作习惯，处理流程的改变，编目工作单的格式，人工处理与机器处理的接口关系，保证数据准确无误的措施，等等。只有在这些问题都得到圆满解决的情况下，计算机编目才谈得上是实际应用。只有在一两个点上取得了解决上述问题的完整经验，才能有一个培训业务人员的基地，才能推动整个西文图书机读目录研制事业健康地向前发展。

图书馆网与计算机的应用 *

现代化与网络化是当代图书馆事业的主要特点。

1978 年，我国图书馆界访英代表团在访问报告中指出："现代化与网络化可以说就是当前图书馆事业史上发生重大变革的一个重要特点，而这两者之间的关系，在实质上又是生产力与生产关系的矛盾在当前图书馆事业上的一种具体反映。"这是一个需要深入认识的课题，在理论与实践两方面都有一系列需要探索的问题，这些问题对我国图书馆事业的组织结构（生产关系）要适应以计算机为主的现代化技术（生产力）在图书馆的应用，需要进行革命性的变革，才能实现这一技术改造，满足"四化"建设对图书馆事业的要求。否则，图书馆事业的落后面貌很难改变。计算机等现代化技术的应用，也要从我国图书馆事业的实际出发，逐步实现，不能急于求成。不然将造成人力物力的浪费，影响自动化的进程。

一、网络化是现代化科学技术发展的产物

随着现代化科学技术的发展，社会对图书馆所提供的物质条件和

---

* 本文发表于《计算机与图书馆》1983 年第 4 期。

对图书馆的资源需求，使得许多单个的图书馆仅仅依靠自身的力量已经不能承担它应当承担的工作，必须要，而且也有可能，联合起来为社会服务。这就产生了各种类型的图书馆合作与联合活动，并且逐步发展成为图书馆网的形式。在图书采购（协调藏书）、编目（共享编目成果）、流通（馆际互借）、咨询（书目与情报检索）等各方面进行广泛的合作。主要是通过集中编目与编制联合目录来实现图书馆的社会职能。在图书馆工作中应用计算机和现代通信技术以后，图书馆网的发展又进入了一个崭新的阶段。现代化与网络化的结合，实现了高水平的图书馆资源共享，为社会做出了巨大的贡献。在一些发达国家几乎已经可以做到，保证每个居民，不论住在哪里，或者资料保存在什么地方，同样能获得他所需要的情报。而每个图书馆也可以用最小的维持费用实现其最大的服务功能。

二、网络化既是应用计算机的基础，又是应用计算机的目标

在图书馆工作中应用计算机，从技术力量、设备条件、所需费用到数据处理和实际操作，其负担都不是某一个图书馆所能承担的，需要许多图书馆联合起来，共同进行这一事业。因此，网络化是现代化的必要条件与基础。网络化是以最节约的方式进行图书馆现代化建设的办法，也是最大限度地发挥电子计算机作用的必由之路。

另外，计算机在图书馆的应用，只有在社会的图书馆事业中，在图书馆网的活动中应用，才有其价值。在单个的图书馆中应用计算机，必然性是不大的。如果各个图书馆不考虑整个图书馆界的情况，不考

虑本馆所处的地位与作用，独自进行计算机的应用，不仅会造成人力、物力上的浪费，而且各自的系统互不兼容，不能发挥社会化的作用，达不到资源共享的目的，后果将不堪设想，这一点在国外已有了不少教训。国内也有类似的情况，需要引起人们的注意，所以网络化不仅是现代化的基础，而且也是现代化的目标。离开网络化，就谈不上现代化了。

三、各国的条件不同，图书馆网的形式也各异

美国国会图书馆在应用计算机方面起了很大的作用，向全世界发行 MARC 磁带，但它没有直接参加图书馆网，而是以其工作成果支持图书馆网的活动。美国由地方大学或专业图书馆联合建立了二十多个大大小小的网络，其中有三个网络最重要，即 OCLC、RLIN、WLN。

英国由于在经济上不如美国雄厚，国家图书馆就直接参加了图书馆网的活动，在网络化的基础上实现了计算机的应用，研制成 BLAISE 网络系统。此外，还有许多地区性的网络，如 BLCMP 等。

苏联则是在集中领导下，形成全国统一的图书馆网，从中央到地区有四级，每个级别的图书馆网的活动都很活跃。东欧各国和苏联的情况类似，只是级别少一点。

有一些国家既有自己国家的图书馆网，同时有些图书馆也参加国外的网络，如加拿大。还有一些国家本国没有图书馆网，而直接参加国际性的或别国的网络，如欧洲一些国家。

四、我国图书馆界只有联合与协作，还没有形成为网

按国外专家的说法，图书馆网是一个法定的团体。按我国专家的说法，图书馆合作、图书馆联合、图书馆联合协定，从一定意义上来说是非正式的，而图书馆网则是正式的、完整的、有组织的。

我国各地区、各系统图书馆虽有不少联合与合作活动，但是：①没有约束性协议，更谈不上法律保证，所以是非正式的；②大多是单项业务的合作，例如编制地区或专题联合目录，而不是参加馆的整体合作，所以不是完整的；③参加合作的馆在人员、经费、权利、义务等各方面大都没有明确规定，没有专门的办事机构与工作人员，所以不是有组织的。因此，没有形成图书馆网。

我国图书馆网的落后状况，对图书馆事业建设造成了很大的损失，全国性的集中编目与联合目录基本处于停顿状态，这就给计算机的应用带来了一系列困难。近年来，许多地方认识到这个问题的严重性，采取了恢复地区中心图书馆委员会（有8个省）或成立地区图书馆协作委员会（有4个省）的形式开展工作。此外，绝大部分省（自治区、直辖市）都成立了高校图书馆工作委员会。虽然上述各种委员会大都设立了专门机构与工作人员，但还没有起到图书馆网的作用，主要是缺乏整体合作的目标，没有网的建设规划，仍然是松散的联合。

五、要实现现代化，必须发展网络化

我国图书馆界进行应用计算机的试验时，为了克服由于没有图书馆网为基础而产生的困难，曾采取了各种协作的形式来推进这一事业。

但是，非正式、不全面、无组织的协作，对于计算机的应用是不够的，因而进展很缓慢。实践说明，必须建立正式的、完整的、有组织的图书馆网才能实现计算机的应用，这是因为图书馆应用计算机，不仅需要解决计算机的设备与技术问题，而且要解决一系列图书馆业务问题，诸如图书编目、分类、索引、排序、检索各个方面的标准化、规范化、规格化。这些问题都需要参加网的各个馆通力合作才能解决。离开这些具体业务，进行计算机应用的单项协作，当然是不行的。

有些同志认为，图书馆网的建设谈何容易，可以在网络化的思想指导下，先把一个馆做好，别的馆认为可以，就会慢慢来参加再扩大为网络，这个想法实际上很难行得通，因为图书馆网是为所有参加馆服务的，要适应各个馆的要求。任何一个馆的做法都难以做到这一点，弄不好会有"以我为主"、以一馆做法强加于人的弊病。而许多需要各馆通力合作解决的问题，例如，中文图书著录标准与中文图书机读目录格式的制定，汉语主题词表的试用，中文图书机读目录各种索引文档与规范文档的建立等，都不是一个馆的力量所能做到的。再者，一馆的自动化系统定型以后，再进行网络设计，不仅在人力、物力上要造成浪费，在技术上也要带来很多困难。何况在几个馆都是先做好一个馆的情况下，就等于各馆分别应用计算机了。

六、图书馆网的建设要从实际出发

我国图书馆网的建设，不能硬套别国的模式，要从我国的实际情况出发。不能以行政命令的方式强行规定，要由一些基本条件、需要解决的问题、要求合作的愿望都较为一致的单位，自愿结合，共同努力建设。形式可以多种多样，参加者不宜太多。在当前条件下，要求建立一个大中小结合、各个系统齐全的图书馆网是不现实的。

关于图书馆网的组织形式：或是成立一个超脱于各馆之外的公共组织，如美国的联机计算机图书馆中心（OCLC），苏联的全苏出版物登记局，为各参加馆服务；或是由各参加馆联合进行工作，每个参加馆的权利与义务都是平等的，虽然有网络中心，但只是一种联系方式，而不意味着从属关系，如美国的研究图书馆信息网（RLIN）。

要成立一个公共组织，目前我国的条件还很不成熟，中心图书馆委员会等组织承担不了这样的任务。各馆联合建网是较为可行的方式，但是需要明确几个问题：①必须制定具有约束性的正式协议，对机构、人员与经费，对网的目标，都要有具体的规定，并报上级机关备案；②各馆的业务工作和网的活动要符合各个参加馆的利益，不能只满足一个或几个馆的利益；③网络中心与网的领导不能混为一谈，在建网中加强中心图书馆的建设是必要的，这是要求该馆在网络中发挥较大的作用，而不是说这个馆就是网的领导，那样说对实际工作是有害无益的。由于某些中心馆对网络活动不热心而造成的损失，已经够大的了。现在需要改变这种看法，推动图书馆网的建设。

七、编制联合目录是图书馆网建设的基础

世界各国图书馆界的合作、联合，甚至图书馆网的活动，都是从编制联合目录开始，并以不断扩大联合目录的收藏范围、提高编制技术来实现图书馆的社会职能。有了联合目录，图书馆之间的采

购协调、馆际互借、咨询服务就能开展。编制联合目录要求实行集中编目与联合编目，要求实现标准化，要求采用新技术。计算机化的图书馆网就是由计算机、通信设备与联合目录的书目数据库三部分组成的。

1957 年，我国成立图书协调小组，成立中心图书馆委员会，把编制联合目录作为主要工作，并取得一定成绩。"文化大革命"以后，至今未能恢复。由于没有联合目录，外文图书采购的协调工作基本处于停顿状态，因而产生两种状况：一方面复本过多（有的多达几十本至上百本），浪费国家外汇；另一方面品种欠缺，不能满足社会需要。由于没有联合目录，馆际互借工作实际上是在盲目状态下进行的，据某图书馆统计，拒借率（查不到书在何处）高达 47%。由于没有联合目录，大量书刊资源不能充分利用，给科技人员查找资料造成了很大困难，浪费了他们的宝贵时间，影响了研究的进度。

为了解决目前没有全国性联合目录所造成的困难，各地图书馆界做了很多工作，有的地方建立了卡片式外文新书联合通报，有的地方还进行了用计算机编制地区西文新书联合通报的试验。所有这些工作都为图书馆界的合作与书刊资源的充分利用起了一定的作用。现在急需解决存在的这些问题，如全国性联合目录的编制计划，编目条例标准化的推行，计算机化集中编目与联合编目的开展等，把我国联合目录事业推向新的阶段，促进图书馆网的建设。

八、联合编目是计算机在图书馆应用的一个最大成果

在应用计算机进行图书编目以前，许多国家都有了集中编目。发

行目录卡片的工作，对编制联合目录和图书馆网的建设起了很好的作用。美国国会图书馆就是在发行目录卡片的基础上发展为发行机读目录磁带（LC-MARC）的。

但是，集中编目毕竟不能完全解决各馆的编目问题，每个馆仍然有许多图书需要自行编目。在手工编目的条件下，无法做到更大范围的编目成果共享。

美国国会图书馆发行 MA4RC 磁带以后，许多图书馆为了解决 LC-MARC 带上没有书目记录的图书编目问题，以达到更大程度的计算机化与书目资源共享，于是出现了 OCLC 等编目中心。如果说国会图书馆是机读目录集中编目的中心，那么 OCLC 就是一个机读目录联合编目的中心，由于这两个中心的支持，美国一般的图书馆，95%以上的图书都可以从编目中心获得图书目录而不需自行编目，从而大大提高了编目速度。由于通信技术的发展，OCLC 的 2000 多个参加馆，通过本馆的终端，即可利用中心的书目数据库进行联机编目，各馆编目以后，中心也就有了该馆的馆藏信息，这样，编目中心同时也就是书目查询中心，中心的书目数据库也就是联合目录数据库。目前OCLC 不仅是编目的网络，而且也是采购协调的网络、书目查询的网络、馆际互借的网络。

这种网络是应用计算机以后才出现的，从集中编目发展到联合编目，以联合目录数据库为基础，建成新型的图书馆网。

但是，任何一个事物总是不可避免地要受到那个时代技术条件的限制，如 OCLC 对计算机编目事业起了很大作用，但在计算机处理与数据准备两方面都还存在许多问题。

九、分布式数据库与微型机的应用是我国图书馆网的发展方向

分布式数据库（或称分布式网络）是近几年才出现的，是 20 世纪 80 年代数据处理系统发展的总趋势。分布式数据处理系统的基本思想是：一项综合的数据处理任务不是集中于容量足够大的中央计算机来完成，而是把综合、复杂的处理任务合理、恰当地划分为若干部分，分别安排给多个较小的计算机执行，共同协作完成整个任务。这样一种数据库结构形式可能避免集中式数据库所固有的中心处理故障多、系统维持与调整很困难、通信线路费用高、存储容量要求大等缺陷。

在图书馆业务方面，分布式数据库也可解决集中式数据库不能全面反映各馆信息，各馆不能利用中心的数据进行业务处理，必须另行建立本馆的数据库，造成数据存储重复浪费等问题。从国内条件看，要配备一台大型机专门用于书目数据处理的可能性是很小的，相当多的图书馆配备一些小型机的可能性则更大。因此，以小型机为骨干，以大型机为节点，建立地区性分布式书目数据库是我国现代化图书馆网建设的发展方向。

随着计算机技术的飞速发展，微型机的存储容量与处理速度都有了很大的提高。国内图书情报部门对微型机的应用也进行了多方面的试验，取得了不少成果，提出了"微型机只输入主题词索引等信息，进行一次检索，而主文件仍以手工进行二次检索"，建立"分散收集—集中处理—分散服务"的中小型机与微型机结合的检索网，建立书目辅助检索系统等设计思想，与分布式的系统结构思想是接近的。因此，建立分布式数据库形式的图书馆网是有基础的，也是能实现的。

十、从西文到中文，从批量到联机，由小到大，逐步发展

我国图书馆现代化建设是从研制西文图书机读目录开始的，经过几年来的探索，已经能利用 LC-MARC 磁带的信息或自编数据，生产目录卡片、书本目录与联合目录，目前正积极准备投入实际运行。

汉字信息处理技术也有了很大的进展，出现了不少可以用于中文图书编目试验的输入输出设备。在研制西文图书机读目录的过程中，对如何处理中文图书书目数据，也积累了初步的经验。因此，在完成西文图书编目处理实用系统的同时，要抓紧研制中文图书的编目处理系统。

在图书馆网络系统总体设计上，要考虑到各种不同文字的书目数据库如何形成一个有机的整体。

由于通信设备的限制，短期内我们还不能实现联机网络，节点之间传递信息还要通过外部介质交换。其实，即使在美国这个计算机技术与通信技术高度发展的国家，虽然联机网络系统很多，但在某些方面也是通过外部介质交换信息，如国会图书馆以磁带方式向 OCLC、RLIN、WLN 等提供 LC-MARC 资源。有些网络的成员馆在向中心获取较大的书目信息时，也是以磁带方式实现。因此，联机并不是网络的绝对条件，以批量处理方式，通过外部介质传递信息，同样可以实现网络的功能。在通信设备的问题解决之后，再采取联机处理方式，进一步提高网络的效率。这和我们国际检索终端暂时设在香港的道理是一样的。

在网络化的建设中可能会出现各种各样的困难，因此，开始时参

加的馆不宜太多，一定要志同道合；网络功能的要求也不能太高，必须是经过努力能够在短期内实现的目标。

具体做法是否可以这样设想：首先，集中力量进行网络的总体设计，确定系统目标、需要研究的项目、实施方案、组织安排与各个节点（参加馆）在网络中的地位与作用，提出人员、设备、经费与工作条件的要求，报上级有关部门批准。其次，根据现有条件，先建设好网络中的一两个点，逐步延伸，形成网络；在此过程中推动标准化与规范化的实现，并做到部分业务工作（如西文图书编目）的计算机处理。然后再扩大计算机处理的功能，扩大网络的成员，发展成较为理想的现代化图书馆网，实现包括采购协调、中外文图书的联合编目、馆际互借管理、书目查询、情报检索等内容的高水平的资源共享。

分布式图书馆自动化集成系统研制报告 *

一、系统概述

20 世纪 60 年代以来，图书馆自动化的发展，出现了集成化的趋势，这与计算机性能价格比的提高有关系。一般图书馆可以：①使用中小型计算机；②采用微机局域网技术；③以超级微机加工作站的方式，把图书馆的全部业务逐步用计算机处理。

美国图书馆学家 David-C.Genaway 认为："集成联机图书馆系统（IOLS）是一个使用公共书目数据库，由两个以上子系统组成，也就是一个共享公共书目数据库的多功能系统。"他提出的集成系统功能模式是：

（1）当采购需要某种书目信息时，即通过联机终端向书目服务机构进行检索，以获得与查询要求完全符合或最接近的文献记录。

（2）如在书目服务机构的数据库中未检到该文献记录时，屏幕显示工作单式样的输入格式，并录入有关的原始数据。

（3）自动将录入的信息与出版商的书目文档进行联机检索。

（4）再次以工作单式样显示从书目服务机构或出版商的数据库中

---

* 1991 年 12 月 12 日—13 日系统通过鉴定。

获得的文献记录，并加入其他的有关数据。

（5）把来自书目服务机构、出版商或自行录入的数据（均为工作单式样），套录到本馆自动化系统的数据库中。

（6）如果检索者是图书馆的采购人员，且该文献本馆并未入藏，则产生一个订购记录，进行订购处理。

（7）当订购的文献到馆时，将收到的信息加入该文献的记录。

（8）编目人员可调出同一记录，加入本馆编目信息，如索书号、复本号、收藏处所、记录标识号等，并注明该文献可投入流通。

（9）读者可在馆内或远程终端上访问供读者用的书目数据库，以著者、主题、题名或其他检索点，查询某文献是否订购，或正在编目处理中，或正重新排架，或在书架上可以流通。

（10）当读者查到该文献记录时，流通系统可调出该记录进行外借处理。

（11）同一文档还可以用于记录连续出版物的到馆信息，并为那些未按期到馆的卷期生成催询信息。

（12）当文献需要被删除时，则删除该文献记录，或加上删除标记。

（13）读者在以上过程的任何时候，都能知道某一文献的状态。

以上说明，一个理想的集成系统，必须在网络环境下与书目服务机构及出版商的数据库有通信连接，依靠本馆的公共书目数据库（主文档）完成图书馆全部业务的自动化处理。整个过程是连贯的，从订购、收登、编目到流通，使用的是同一书目记录；各种功能密切配合，给读者提供的不仅是已流通的文献信息，还包含订购、收登、编目过程中的文献信息；这里不允许有任何脱节的现象，在数据处理和为读者服务两个方面都要做到高度集成。由于有网络环境的支持，国外图书馆界 20 世纪 80 年代以来，图书馆自动化系统的集成化发展很快，集成化程度也较高。

1987 年前后我国也推出了两种形式的集成系统，一种是上海交通大学图书馆和上海空军政治学院图书馆以 HP3000 系列小型机为中央主机开发的集中式集成系统；另一种是福建师范大学图书馆、东北电力学院图书馆和深圳大学图书馆等开发的单用户微机局域网方式集成系统，对于推动我国图书馆自动化事业起到了积极的作用。

中国科学院文献情报中心当时已购置 1 台 MicroVAX Ⅱ超级微机，并完成了全院西文连续出版物联合目录系统和西文图书采购系统的研制工作。对于我们这样一个大型图书馆如何实现全馆业务的自动化管理，进行了种种思考。如采取中央主机集中式的方式，按我中心的系统规模与当时的计算机性能价格比，至少需数百万元人民币的投资，购置 1 台高档次的小型机，其经费难以解决。如采取单用户微机局域网方式，我中心的各项业务子系统均需多台微机同时操作，此种方式就很不适应。加之馆舍分处城里城外两地，集中式或局域网式都无法实现。而已经购置的 MicroVAX Ⅱ又要加以充分利用。调研了国内外图书馆自动化的水平和计算机技术的发展趋势：

（1）386 档次的多用户微机已投入市场，可承担各项子系统的操作运行。

（2）分布式技术已逐步应用于各个领域，对数据共享有新的看法。

（3）图书馆业务除书目查询、典藏管理及文献编目（因需查重）等操作必须在中央主机上运行外，其余的各个子系统（占操作总量的 70% 以上）均可脱离中央主机，相对独立地运行。

（4）可以采用网络通信、直接通信、介质传送等多种形式实现系统连接。

基于上述认识，我们决定采用超级微机（已有设备）加多用户工作站（AST386）的硬件配置，研制"分布式图书馆自动化集成系统"（Distributed Intergrated Library Automation System，DILAS），以提高本中心的管理水平与服务质量，促进全院文献情报系统的自动化建设，对整个图书馆界自动化事业作出我们应有的贡献。

1988 年 1 月，我们邀请了部分图书情报界的自动化专家，对我们的研制方案进行论证，得到与会同志的肯定与支持。他们认为，以中国科学院文献情报中心这样的大型图书馆，用超级微机加工作站的硬件配置实现自动化管理，从设计思想、系统投资、硬件模式到实现技术都是一种创新，必将对整个图书馆界的自动化进程产生推动作用。

当年 12 月与院里签订课题合同，共投资 110 万元（其中本中心自筹 30 万元）。从 1989 年起，用三年时间完成自动化系统的设计与实际投入运行。

在系统研制过程中，共购置 AST386 4 台、AST286 6 台、中英文终端 29 台、打印机 13 台，原有 MicroVAX Ⅱ扩大了 700MB 硬盘。软件开发工作主要由本中心人员承担，也借用部分外界力量包括引用 CD-ROM Bibliofile 西文图书编目系统与北师大中文图书编目系统，做一些前期准备工作。由计算机技术与数据处理两部分人员组成的课题组，共有 76 人参加。成立了以中心主任牵头的领导小组，动员全馆各方面的力量，共同推进这一工程的实施。经过三年多的艰苦努力，虽然我们的系统还未达到最佳的理想境界，但却以 1 台超级微机加几台 AST386 工作站，实现本中心这样一个大型馆的自动化管理，可说是

"小牛拉大车"的模式，初步显示了提高管理水平与服务质量的能力，随着系统的持续运行与改进，其潜在功能将得到更加充分地发挥。

二、系统目标与环境因素

DILAS 的目标是实现中国科学院文献情报中心中西文图书、连续出版物的采购、交换、收登、编目、流通、查询、书目控制、典藏管理与统计的计算机处理；根据中心的实际情况，划分为中文图书采编、中文连续出版物管理、西文图书采编、西文连续出版物管理、国际交换管理、流通管理、书目查询、书目控制与典藏管理、业务统计 9 个子系统。

我国虽然没有网络环境下的公共书目服务机构，但图书馆界已确定了共同的机读目录通信格式，不少单位分别制作了一些可以共享的书目资源。DILAS 从形式上说是一个封闭式的内部系统（In-house System），但就其数据标准化的程度来看，又应是开放式的共享系统。由于美国国会图书馆发行的机读目录 LCMARC 拥有庞大的书目资源，又与现行的西文图书著录规则相适应，将 LCMARC 转换为 CNMARC 不仅是计算机处理技术的问题，而且涉及整个西文图书目录体系的根本改造，这是一个馆的力量难以做到的，所以 DILAS 需要同时处理 CNMARC 与 LCMARC 两种格式。

馆舍分处两地的情况，最终会得到解决，当各个业务部门集中到一地时，DILAS 将配置以太网通信设备，使系统的性能进一步提高。

三、系统设计

（一）系统的总体构想

（1）系统结构采用分布方式，考虑到已有设备 M-VAX Ⅱ 的功能有限，而 DILAS 的子系统安排既多，数据量大且复杂，将所有子系统的功能全部集中在该设备上处理是不可能的。因此，系统结构决定采取分布式结构。将凡是能够脱离主系统独立操作的部分，都安排到多用户工作站上运行，以减轻主系统的负担。

（2）从现有设备的条件出发，选择系统环境与研发工具。我们以 AST386 作为与 M-VAX Ⅱ 配套的工作站。需要选择为这两个系统所兼容的系统环境与开发工具，故确定用 UNIX 操作系统（M-VAX Ⅱ 为 ULTRIX，AST386 为 XENIX 含 C 语言），在希望集团支持下，选用 Inforbase 数据库管理系统为开发工具。

（3）各个子系统分别研制软件，因而都是一个封闭的黑箱。与其他子系统只有数据交换关系，书目查询子系统则为各个子系统所共享。

（4）软件开发与数据研究并行，按照软件开发的进程安排，加快系统实现的进度。如果等软件研制成功数据人员方进入环境，那么系统实现的时间就会拖得很长。因此，课题上马伊始，就对机器编目所涉及的问题，包括著录规则、数据流程与工作组织的调整等进行研究，先行考虑各种可能出现的情况，做出对策。根据国内外已有的各项标准，编写我们自己的工作文件。当软件研制成功投入试运行时，数据人员已具有一定基础。

（5）从实际条件出发调整系统目标。DILAS 最初的研制方案中，没有考虑到国际交换管理部分，在西文连续出版物管理子系统研制过程中，发现有必要增加这一子系统。原先图书采购与编目划分为两个子系统，考虑到两者之间不少功能重复，数据前后衔接之处甚多，决定将两者合并为一个子系统。DILAS 立项时，与国外有合作意向，共同开发 CJR 终端（中、日、俄），后因故未能实现，故对日、俄文文献暂不处理。关于主题词表与名称参照文件，鉴于主客观条件的限制，目前也未实现，但在系统中留有接口，一旦条件成熟，可立即实现。

（二）数据处理流程

（1）中文图书、中文连续出版物、西文图书、西文连续出版物 4 个子系统均为采、登、编一体化的系统，从订购开始，所录入数据一直使用到编目。

（2）由上述 4 个子系统产生的书目记录及馆藏信息输入书目数据库，同时产生简单书目记录送到流通子系统，中文连续出版物子系统、西文连续出版物子系统和交换子系统产生的新刊收到信息送入流通子系统与书目数据库。

（3）交换子系统收到新刊送的西文连续出版物系统编目，编目产生的书目记录返回交换子系统，更新收登文件。

（4）各子系统产生的统计数据送至业务统计子系统。

（三）数据交换协议

（1）以介质（软盘）方式传送数据，以 1 台 AST386 与 M-VAX Ⅱ 连接，作为系统的总出入口，各子系统与书目数据库的数据交换，均以低密软盘为载体，相互传送。

（2）书目数据库与子系统之间、各子系统之间的书目数据交换均采用通信格式。中文图书、中文连续出版物、西文连续出版物用"中国机读目录通讯格式"（CNMARC），西文图书用"美国国会图书馆机读目录格式"（LCMARC），馆藏信息和各种管理数据交换用机内格式。

（3）整个系统及各个系统所用数据，均以编目部门制作的书目记录为准，凡与书目记录不一致的，逐步核对改正。

（四）用户权限规定

（1）读者可利用终端访问书目数据库，获得其所需要的书目信息，也可要求书目咨询人员打印输出结果。

（2）书目咨询人员可访问书目数据库与流通子系统，并可打印所检索的数据，但不能调出书目数据进行加工处理。

（3）各子系统数据处理人员可以访问书目数据库与本子系统数据库，并可调出书目数据进行加工处理，打印各种处理结果，但不能对数据库进行更新处理或向子系统外部传递数据。

（4）各子系统管理员可以向其他子系统与书目数据库传送数据，调用其他子系统与书目数据库的数据，对本子系统数据库进行更新处理，但不能对书目数据库进行更新处理，也不能向系统外传送数据。

（5）系统管理员可以对书目数据库进行更新处理，向系统外部传送数据，但不能对子系统数据库进行更新处理，也不能调出书目数据进行加工处理。

四、系统实现

（一）总体安排，分步实现

总体设计完成后，安排了各子系统的软件开发进度。有关业务部门成立了子课题组，一方面配合软件人员进行子系统分析，提出具体功能要求，另一方面进行系统实现的准备工作，包括人员培训、文件准备与处理流程的调整。完成一个子系统的软件设计，即投入运行，作进一步修改与完善。其中图书编目部分，为了使编目人员提前掌握计算机编目技术并积累机读数据，还引进了两个辅助编目软件作试运行。

在试运行期间，各项业务工作均实行手工与机器并行操作的双轨制，直到系统运行稳定，方停止手工操作部分。

（二）立足现有条件，重视系统的实用性

中国科学院文献情报中心各项业务管理有一定基础，但限于内外种种条件，对系统实现带来许多困难，中心立足现状，从业务部门的需要出发，使系统具有较好的实用性。

（1）文献著录的标准化，在编目部门实施较好，而采购、交换、流通等环节则尚未全面执行。各环节之间联系不够，产生了不少重复性的操作。为此，对于文献的著录我们明确规定：以编目部门的记录为准，凡与编目不一致的，都要按照编目部门的规则去做，已有的数据要逐步修改一致；凡是可以共享的书目记录，就不再重复设立文档（采购与编目今后共享一个文档），凡是可以一次完成的操作，就不再

重复操作（国际交换收到的西文连续出版物收登后直接入库，外刊组不再重复收登，典藏管理完善后，书库也可不再收登）。这样就使标准化贯穿到各个业务环节中，以保证数据资源共享，并提高工作效率。

（2）流通子系统的实现有两大困难：一是本中心规定单册期刊可以外借，很不好处理；二是我们要全面实现计算机流通管理，不可能停止正常工作去进行各项准备工作。我们采取了如下措施，使系统得以顺利投入运行。

①先以单册刊制作简单书目记录，当该刊进行装订后，再将所包含的单册刊数据删除，给合订本重新制作记录，这带来了人力物力的一定浪费，但因我中心条件所限，新刊不能全部开架，不外借将给读者带来不便。

②从 1989 年起，开始将还回的书刊录入简单书目记录。

③1989 年 12 月首先从两个所开始，办理机读借书证的换发工作，从 2 月 20 日开始用计算机办理借还手续。一面实际考验系统功能，一面调整内部工作安排。读者所借书刊已有机读数据的，即时办理手续；没有机读的，工作人员当场录入。由于先前已录入有 10 000 多条记录，当场制作的有 50% 左右，读者与外借人员基本可以等待。1990 年分期分批将所有读者的借书证全部更换为机读借书证。这样，在没有停止一天正常工作的情况下，实现了从手工操作系统向计算机操作系统的转换。

（3）考虑到国际交换业务处理的特点，从实际工作需要出发，引进了一些办公自动化的功能。在对供换出的中文期刊进行收登处理时，系统自动生成对收刊单位的发刊通知单及该单位的地址签，提高了换出处理的工作效率。

（三）着眼于人员素质的提高

从传统的手工操作到计算机操作的转换，图书馆业务人员必然在知识上、技能上、习惯上、心理上承受种种压力，转变过程一定有一个较长时间，需要从多方面进行人员培训。

课题正式立项后，1989 年 2 月就举办了有馆内各部门 50 多人参加的机读目录培训班，介绍了图书馆自动化的一般知识，主要讲解了机读目录、规范文档与主题词典的建立方法，进行了填写工作单的练习。这实际上也是一次实现自动化管理的大动员。

在各个子系统的实现过程中，充分利用国内外已有的成果，使业务人员从摸索入门到基本掌握，再到研究提高。

西文连续出版物子课题组与国际交换子课题组，利用我院西文连续出版物联合目录的成果，将馆藏信息套录出来作为建立书目数据库的基础，补充新的记录，产生订购文档。

西文图书采编子课题组引进 Bibliofile CD-ROM 系统。首先利用 LCMARC 数据源中已有的记录进行加工处理，在对 LCMARC 格式有了较多的了解以后，再进行编目处理，然后转移到新系统上操作。

中文图书采编子课题组，引进北京师范大学微机编目软件后：第一步，先由编目人员将已编目的图书填写工作单，交录入人员输入计算机，产生机读数据，达到熟练地掌握 CNMARC 格式；第二步，填写工作单进行图书编目，既可打印目录卡片，又产生机读数据，解决了两者之间的许多技术细节问题；第三步，编目人员直接用计算机进行编目处理，中文图书采编子课题组除 50 岁以上的老同志外，全部掌握了计算机操作方法，最后转移到新系统上操作。

中文连续出版物子课题组：第一步，利用 ISDS 中心制作的数据进行加工处理，熟悉机读格式；第二步，利用上海图书馆发行的铅印卡片制作机读数据，掌握手工著录项目与字段、子字段的关系；第三步，对期刊进行原始编目处理。

在各个子系统研制与试运行期间，又举办了两次微机培训班，使各部门业务人员的操作技能得到了提高。目前，我中心中西文书刊采编、交换和流通各个业务环节上的 40 多名工作人员已能熟练地应用计算机进行各项业务处理，在此基础上，各子课题组还编写了相应的工作文件，有些同志还承担了对各所图书情报人员的培训工作。

六、结语

我们在中国科学院文献情报中心这样一个规模的图书馆，率先实现自动化管理，无论系统设计还是系统实现，都是非常困难的事情，何况设备既不理想，馆舍又分处两地。经过全体同志齐心努力，苦干三年，DILAS 终于投入了实际运行，迈出了可喜的一步。

中心不仅研制了一个系统并投入实际应用，更主要的是，通过这一工程培养了一支图书馆自动化的队伍。计算机技术人员有了长足的进步，图书馆业务人员也跨上了新的台阶，特别是一大批年轻人显示了他们的聪明才智，他们成为系统设计与实现的主力军，从而有了一个良好的系统运行环境。

DILAS 系统功能齐全，实际应用规模较大；书目数据符合国内外有关标准，并贯穿于制作、查询、利用的各个环节；任一子系统生产的数据，均可为全系统所共享，并注意利用外部已有的数据资源；严格的用户权限规定，使系统既形成整体又层次清晰。从上述各方面使DILAS相对分散的各个功能模块有机相连，实现了系统的集成化。

虽然由于DILAS的实用性影响其可移植性，但系统研制与实现的模式，超级微机加多用户工作站的分布结构配置，在总体设计的前提下，从个别子系统开始，最后形成完整系统的积木式方法，分批购买设备，先买多用户微机，后买小型微机（我们在每个子系统投入运行前购置其所需设备，因而节省了不少设备费，但因M-VAXⅡ是早先购置的，较不理想，如到最后阶段再买，还要省10万~20万元），系统研制与实现同步进行，注意利用外部已有成果的做法，为大型图书馆实现自动化管理提供了有益的经验。

我们的工作得到院领导和出版委、计划局、技术局等单位的支持，院文献情报系统的各个单位，北京大学、清华大学、北京师范大学、北京图书馆、深圳图书馆、深圳大学，还有希望集团、华北计算机技术研究所等，都给了我们许多帮助，在此谨表示衷心的感谢。

当然，我们的工作还不是很完善，还有不少事情没有做。例如，日文、俄文书刊的处理，规范文件与主题词典的建立等等，已经运行的部分今后也还要不断完善，主要是改进数据传送手段，提高运行的效率。所以，虽然DILAS系统目标已经实现，但这仅仅是图书馆自动化的开始，今后的路还很长，我们要在中关村地区文献信息系统的开发中使计算机在图书馆的应用技术更加完善，为我国图书馆自动化事业作出更大贡献。

我国图书馆协作发展概述 *

我国图书馆的协作活动与网络建设，中华人民共和国成立后，大体经历了三个发展阶段。

一、协调工作的开始阶段

新中国成立以后，在国家经济建设与文化建设的过程中，图书馆事业也有了相应的发展。1956 年，党中央指出，全国人民的主要任务是集中力量发展社会生产力，并提出了向科学进军的号召。与此相应，国务院于 1957 年 9 月 6 日颁布《全国图书协调方案》（以下简称《协调方案》），决定在国务院科学规划委员会下设图书小组，负责全国为科学研究服务的图书工作的全面规划，统筹安排。目前首先要进行下列工作：一是建立中心图书馆委员会；二是编制全国图书馆联合目录。《协调方案》中还提出了中心图书馆委员会和需要编制的联合目录的初步清单。从此，我国图书馆界的协调工作开始了。

按照《协调方案》的规定，北京、上海两地先后于 1957 年分别成立了全国第一个和第二个中心馆委员会。天津（1957 年）、沈阳（1958

---

* 本文发表于《图书馆学研究》1988 年第 6 期。

年）、哈尔滨（1959年）、南京（1957年）、武汉（1958年）、广州（1958年）、西安（1958年）、兰州（1958年）、成都（1957年）等地先后成立9个地区性中心图书馆委员会，成员馆共有105所，其中公共图书馆17所、高等学校图书馆75所、专业图书馆13所。后来浙江、吉林、安徽、湖南、河南、宁夏、青海、新疆等地也相继建立起中心图书馆委员会。

全国与地区的中心图书馆委员会主要进行下列几方面的工作：

（1）1957年11月，全国第一中心图书委员会成立全国图书联合目录编辑组，根据《全国图书协调方案》的要求，对文献资源的收藏情况进行调查，着手联合目录的编辑出版工作。1958年到1966年的9年时间内，先后出版了27种全国性书刊联合目录。另编有《全国西文新书联合通报》，分文理科每月轮流出版，9年间共报道新书194 548种。此外，各地区中心图书馆委员会出版了300多种地区性联合目录。

（2）1958年在北京先后成立中文图书提要卡片联合编辑组、西文图书卡片联合编辑组、俄文图书卡片联合编辑组，由全国第一中心图书馆委员会统一管理（1974年划归北京图书馆）。从1958年到1974年，共统一编目图书25万种，印刷卡片6000多万张，订户有5000多个。

（3）进行外文书刊的采购协调、馆际互借等工作。成都地区中心图书馆委员会认真做好订购外文期刊的协调工作，为国家节省了数十万美元外汇。哈尔滨、沈阳等地区中心图书馆委员会，对科研人员发放了通用借书证，广州地区中心图书馆委员会在科学馆内设立了包含地区9个成员馆和20个非成员馆藏书的查目中心。全国第二中心图书馆委员会在上海图书馆内设立了上海市现期科技期刊阅览中心，从各馆馆藏中选择了 1550 种科技期刊，采取开架陈列的方式供科研人员查阅，很受欢迎。

（4）举办了各种形式的干部业务培训。全国第一中心图书馆委员会主办的图书馆红专大学，先后办了 5 期，培训了大量的在职工作人员。

综合 1958 年到 1966 年这 9 年的协调工作，是很有成绩的，基本上应了当时社会经济、文化发展的需要，与国际图书馆界的差距也不大，但存在一些问题，为以后的工作带来了影响。

（1）由于全国和地区的中心图书馆委员会是中央有关部门与地方当局分别批准成立的，从总体上说全国没有一个总的协调机构，因而影响了协调工作的效果。

（2）中心图书馆委员会只是图书馆界内部的一个松散的组织，对各成员馆的权利义务没有一个明确规定，因而缺乏约束力，完全以各馆领导人对协调工作的认识决定其支持程度。此外，由于没有出版、发行部门参与这一工作，有关在版编目和进口外文书刊资源布局等重大问题，都未能得到解决。

正当图书馆界人士感到需要进一步改进的时候，我国发生了"文化大革命"，整个协调工作陷于停顿。1974 年又从组织上取消了全国第一中心图书馆委员会及其所属联合目录组与统一编目组，将其人员及业务工作划归北京图书馆负责管理。在此期间，只有个别地区恢复了协调机构，甘肃省在 1973 年成立了甘肃省兰州地区图书馆协作委员会，编印了一些地区的联合目录，四川省在 1975 年恢复了中心图书馆委员会的活动。1971 年 2 月，北京图书馆发起，有 36 个图书馆参加，共同编制《中国图书馆分类法》，该分类法于 1975 年正式出版。1975

年 7 月，中国科学技术情报研究所与北京图书馆共同发起，编制《汉语主题词表》，有 505 个单位、1378 人参加。

二、地区与部门协调机构的发展阶段

20 世纪 70 年代末期以来，随着整个国家政治生活的拨乱反正，经济建设有了很大发展，社会对图书馆的要求让许多馆都感到力不从心，迫切需要加强馆际协作，实现资源共享。尽管中央一级的协调机构没有恢复，地区部门协调工作仍然有了很大的发展，直至目前，仍然是协调活动的主流部分。

（一）地区协调工作

1. 省级协调机构的恢复与发展

从 1977 年至 1985 年，全国有辽宁、吉林、黑龙江、上海、江苏、浙江、安徽、河南、湖南、广东、陕西、甘肃、青海、新疆等 15 个省、自治区、直辖市恢复或建立了省级中心图书馆委员会或图书馆协作委员会。

省级协调机构主要开展了编制地区联合目录、馆际互借和培训干部等活动，其中培训干部的工作最有成效。由于这一时期图书馆事业恢复与发展很快，而图书馆专业干部队伍在"文化大革命"中受到很大破坏，图书馆专业教育也停滞了相当长的时间，一大批没有经过专业训练的干部涌进了各类型图书馆，给图书馆工作带来了很大困难，所以各地协调组织都重点抓了干部培训工作，据 12 个省级协调机构的不完全统计，几年来采用多种方式培训了各种专业人员近 20 000 人，在此过程中，各地还编辑出版了适合中等水平图书馆专业人员使用的教材，其中四川、吉林等地的教材具有相当高的水平。有 12 个省级协调机构编印外文新书联合通报，订购外文刊联合目录和其他各种联合目录。

2. 地（市）级协调工作的开展

随着全民科学、教育、文化水平逐步提高，不仅 80% 以上的地、市、县在"六五"期间建立了图书馆，而且在地、市、县也办了相当数量的高等与专业学校，出现了不少研究机构，因此还建立了许多学校与科技图书馆。但这些图书馆的基础都比较差，人力、物力薄弱，对馆际合作的要求也更为迫切。一些地、市很重视图书馆的协调工作，太原、青岛、大连、洛阳、宜昌等市都取得了明显的效益。

（二）部门协调工作

1. 全国高等学校图书馆工作委员会协调工作的开展

1981 年 9 月，教育部在北京召开了全国高等学校图书馆工作会议，成立了全国高等学校图书馆工作委员会。

一是推动地区与部委高校图书馆协调机构的建立，到 1984 年除西藏和台湾以外，其余省、自治区、直辖市都已成立了省级高校图书馆工作（协作）委员会。西北、东北、华东、华北四个大区还成立了大区一级的高校图书馆协调组织。此外，铁道、交通、冶金等主管部委，先后成立部委所属院校的高校图书馆协调机构。

二是广泛开展对用户的培训，尤其是"文献检索与利用"课程的开设，仅全国性的会议就召开了7次。各级高校图书馆协调机构为这一课程的建设，举办多种形式的培训班几十次，培训师资达1000多人次，组织各校共同编写教材，目前已编出100多种；及时交流教学经验，推广好的教学方法，1983年至1986年累计听课人数达60万人。开课学校有532所，占全国高校一半以上，其中三分之一的学校已将该课程列为必修课。

三是初步开展了文献资源布局的协调工作，全国高校图工委秘书处就此问题召开了两次全国性的专题讨论会，提出了高校系统的设想，拟划分300多个学科。由有关院校分别承担收藏任务。各地方高校图工委也积极探索实施的方法，华东地区国家教委所属12所院校初步商定，对年定价1000元以上的外文期刊，由一校订购向需要的学校提供复印件，1986年初步计算可节省人民币20多万元。现在这一协调活动已扩大到40多个高校图书馆。

2. 中国科学院图书情报网协调工作的开展

中国科学院系统从1978年起实行图书情报一体化体制，院馆也于1983年改名为文献情报中心。全院100多个图书馆情报单位分别按地区及学科组成图书情报网。到1987年已建网17个。

中国科学院的特点是图书情报统一建网，从两个方面开展协调工作，成效突出。

一是组织院内100多个图书情报部门，用5年时间研制成全院西文连续出版物联合目录系统，包括13 000多种西文连续出版物的标准著录，产生书本、卡片、磁带三种载体的数据产品，并建成一个联机检索系统。

二是编辑出版了 13 种文摘刊物。

三是研制成 5 种文献数据库，包括化学文摘数据库、计算机文摘数据库、生物文摘数据库、自动化文摘数据库和光学文摘数据库，这些数据库成为中国科学院科学数据库工程的一个组成部分。

3. 其他部门协调机构工作的开展

20 世纪 80 年代以来，一些部门成立了全国性协调机构。

全国党校图书馆资料工作联络小组，1985 年 10 月成立，由中央党校等 12 个单位组成。小组的任务是负责各图书馆资料工作部门之间的日常联络与协调，编辑专业刊物《党校图书资料情报工作动态》。

中国农业图书馆协会，1983 年 5 月 27 日成立，是中国农业学会的一个分会，成员包括高等农牧水产院校图书馆，中央及省属农牧渔业及农垦科研单位图书馆，中央及省属与农业有关单位的图书馆，共 120 多个。出版了会刊《农业图书馆》，从 1983 年起每年编印《订购外文及港台报刊联合目录》，举办了各种类型的干部培训班，有些大区还成立了分会。

全国中医药图书馆情报工作协作委员会，1975 年 5 月成立，有 55 个图书馆和情报室参加。协作委员会负责联系中医药图书馆情报机构，交流全国中药科学研究单位的科研信息和情报，向中医领导机关提供信息查询服务。

4. 公共图书馆的大区协调组织工作的开展

各省公共图书馆为了加强业务联系，交流办馆经验，讨论事业建设中有关问题，相继开展了大区间的协作。华北地区图书馆工作协作委员会于 1980 年 3 月 19 日成立，办公室设在天津市人民图书馆。华东地区省图书馆协作委员会于 1983 年 9 月 7 日成立。东北地区公共图书馆协作委员会于 1986 年 9 月 8 日成立。中南地区从 1978 年起每年召开省级公共图书馆业务研究会。西北地区则自 1985 年起，每年召开科学讨论会。

三、全国图书馆工作会议的召开和部际图书情报工作协调委员会的成立

（一）全国图书馆协调工作座谈会

由于许多全局性的事情地方与部门的协调机构难以做到，进入 20 世纪 80 年代以来，图书馆界强烈呼吁尽快恢复全国性协调机构。1984 年 5 月，文化部图书馆事业管理局提出建立全国图书馆情报工作机构的建议，中共中央宣传部出版局就此建议多次邀请有关部委负责人进行讨论，协商实施方案。1984 年 11 月，文化部图书馆事业管理局在成都召开全国图书馆协调工作座谈会，有中央有关部委和省、自治区、直辖市负责图书馆协调工作的同志参加。

（二）全国图书馆工作会议

1985 年 7 月，中共中央宣传部与文化部联合召开全国图书馆工作会议，公共、高校、科研、部队、工会各系统图书馆代表和宣传文化部门的负责人 207 人参加会议，共同讨论"七五"期间我国图书馆事业建设大计，会议主题是推动图书馆协调工作，实现图书馆情报资源

共享。

（三）部际图书馆情报工作协调委员会的成立

四部、委、院文件印发以后，由于图书馆情报两大系统在资源共享上有很多共同之处，又与国家科委进行联系，经过反复协商，决定两大系统成立统一的部际协调机构。1987年10月22日，国家科委与文化部共同主持召开"部际图书情报工作协调委员会"成立会议，该委员会由国家科委、文化部、国家教委、中国科学院、中国社会科学院、邮电部、电子工业部、国家档案局、标准局、专利局等部委组成。其主要任务是：研究并向有关政府部门提出我国图书情报事业发展规划及方针政策的建议；研究和协调全国文献资源的合理布局与开发利用；研究和协调全国图书情报系统计算机数据和网络的建设等，部际协调委员会根据需要将建立各种专业组，当前首先成立文献资源采集和开发利用计算机检索系统建设两个组。近期的工作重点是：确定和实施原版书刊的采购协调、书目报道与馆际互借方案，确定和实施计算机检索系统建设方案。随着部际协调机构的建立，我国图书馆协调工作进入了一个全新的阶段。

大陆图书馆事业自动化发展近况 *

大陆图书馆自动化是从 20 世纪 70 年代中期起步的。1974 年 8 月，有关部门决定进行"汉字信息处理工程"，研究和解决电子计算机在国民经济、情报检索、新闻报道、出版印刷等方面应用的问题。以此为契机，图书馆界开始了自动化的进程。经过十年（1975—1985 年）探索试验，1986 年进入实际应用，到目前已具有相当规模，为今后的发展打下了坚实的基础。

一、准备与试验

（一）理论探讨与人才培养

1975 年"汉字信息处理工程"正式上马，同年由中国科技情报研究所和北京图书馆牵头，组织 505 个单位的 1378 位专家，进行《汉语主题词表》的编制工作。围绕这一重大课题，图书情报界人士就计算机在图书情报工作中的应用进行广泛探讨。北京大学图书馆学系刘国钧教授于 1975 年 12 月发表《"马尔克"计划简介——兼论图书馆引进电子计算机问题》一文，首次具体介绍了美国国会图书馆机读目录的

* 本文发表于《图书馆学与资讯科学》（台北）第 19 卷第 2 期（1993 年 4 月）。

内容；1977 年又在《用电子计算机编制图书目录的几个问题》一文中，说明图书馆自动化应从编目工作做起，为此要解决汉字编码、多文种字符集、文献著录标准、机读目录格式等问题，引起图书馆界的广泛关注，引发热烈的讨论。不少专家就图书馆自动化的起步问题提出了各种见解，趋向性的意见是从处理西文文献着手积累经验，努力创造条件，逐步实现中文文献的计算机处理。

从 1976 年起，北京图书馆（1978 年）、中国科学院图书馆（1976 年）、北京大学图书馆（1978 年）、清华大学图书馆（1978 年）、中国人民大学图书馆（1979 年）等几个著名的图书馆先后成立了计算机应用（或自动化）小组，当时的主要工作是人员培训，了解发达国家图书馆自动化的情况，翻译有关的外文资料，邀请国外专家前来讲学，派人外出短期考察或长期进修和举办各种层次的培训班。其中比较有影响的活动是北京大学图书馆学系和中国科学院图书馆联合举办的"电子计算机情报检索培训班"（1979 年 3 月 16 日—9 月 4 日），有 45 个单位的 77 人参加，培训班讲授了计算机应用和图书馆自动化两方面内容的 10 门课程。这批学员大都是各部门的业务骨干，从事图书馆自动化与情报检索的开拓工作，本身已有一定水平，再加上这个培训班的强化训练，其中不少人成为大陆图书馆自动化事业的高级技术人才与学科带头人。

这期间，一些大学的图书馆学系或计算机科学系先后设立了情报检索专业，讲授图书馆与计算机两个学科的基础理论与操作技术，随后招收了这个方向的硕士研究生，为图书馆自动化建设提供了后备力量，这是图书馆自动化事业发展的一个重要保障条件。

（二）软件研制试验

"汉字信息处理工程"全面开展以后，计算机界与图书馆界积极进行了书目数据处理软件的研制实验工作，在 QJ-111 计算机上进行的激光新文献定题服务试验，输入 10 000 多篇文献，以汉语拼音方式表示汉字，设分类号与主题词两个检索点。机械情报所与计算中心合作，在 DJS-C4 计算机上研制多检索词、顺排文档的检索条件，输入 500 多篇铸造专业的外文文献，进行联机检索实验。中山大学数学系计算机软件教研室在 DJS-130 计算机上开发情报检索软件，1977 年 1 月研制成了"MIRS-H 多用户小型检索系统"，投入了试验性应用。山西大学计算机科学系与山西省图书馆合作，利用 TQ-16 计算机研制"外文期刊编目和检索计算机处理系统"。以上试验均是用汇编语言编写软件。南京大学数学系情报检索教研室与校图书馆合作，仿照 LCMARC 格式，在 Simens-7730 计算机上用 COBOL 语言设计了"NDTS-78-SDI 系统"（图书编目与定题通报服务系统）。中国科技情报研究所、北京文献服务处、北京邮电学院、北京航空学院等单位也都进行了情报检索软件的开发工作。

1980 年成立的"北京地区研制西文图书机读目录协作组"在软件研制上作了许多工作。

（1）收集、翻译与讨论美国国会图书馆研制 MARC 磁带的有关资料，主要有《MARC 的历史与现实》《MARC 实验计划》《书目查询的信息格式》《图书 MARC 格式说明书》等，并在 LCMARC 的主要研制者阿芙拉姆来访讲学时进行了比较深入的讨论。

（2）进行西文图书馆编目处理系统的调查与分析，了解了西编工作的手工处理流程和功能要求，收集了有关的数据，从计算机处理技术与西文图书编目业务多方面深入研究了系统的总体设想，写出了比较详细的系统设计任务书，并附有数据处理流程图和应用程序的研制要求。

（3）研制利用 LCMARC 磁带进行西文图书编目处理的模拟系统，在对 MARC 磁带的信息结构与记录格式进行剖析以后，确定了文件组织方式与数据结构方式。分别设立"已购"与"未购"两个书目记录主文件和书名、著者、ISBN、LCCN 四个索引文件。模拟系统编写了 18 个应用程序，实现了系统功能要求：将待编西文图书从 LCMARC 中查找出来并抽取已有的书目信息；对 LCMARC 没有的自编数据建立书目记录；将两种书目记录合并为一个主文件，据此建立索引文件；打印目录卡片和新书通报。

（4）开发利用 LCMARC 磁带选择采购参考书目的软件，以杜威分类号（根据用户要求选择若干类目）、出版国（选若干国家）和语种（选若干语言）为检索途径，进行批量查找。这一软件为一些图书馆提供了实际服务。

（5）自编数据，用计算机编制"北京地区西文新书联合通报"。这个试验系统的重点是按照 LCMARC 格式编制书目记录，确保格式编辑的正确性和终端输入的准确性，以解决 LCMARC 磁带没有书目信息的图书建立机读目录的问题，同时也探索机编联合目录的途径。这个系统共输入 8000 多条记录，打印了两个样本，并解决了自编数据所碰到的许多问题。

MARC 协作组的工作对机读目录的研制起了推动作用，为图书馆界提供了经验教训，在图书馆自动化的进程中作出了贡献。

（三）各项标准的制定

标准化是图书馆自动化的一项重要措施，1979 年成立了"全国文献工作标准化技术委员会"，为制定各项文献标准做了大量工作，根据《国际标准书目著录》（ISBD）的基本原则，按照中文出版物的具体情况作个别调整，以便于对中文文献的处理。现已公布施行的文献标准有 10 种：

GB3792.1-83 　　《文献著录总则》

GB3792.2-85 　　《普通图书著录规则》

GB3792.3-85 　　《连续出版物著录规则》

GB3792.4-85 　　《非书资料著录规则》

GB3792.5-85 　　《档案著录规则》

GB3792.6-86 　　《地图资料著录规则》

GB3792.7-87 　　《古籍著录规则》

GB3793-83 　　《检索期刊条目著录规则》

GB6477-86 　　《文摘编写规则》

GB12451-90 　　《图书在版编目数据》

此外还制定了 13 种代码代号的标准：

GB2808-81 　　《全数字式日期表示法》

GB2809-81 　　《信息交换用的时间表示法》

GB2810-81 　　《信息交换用的顺序日期表示法》

GB3259-82 　　《中文书刊名称汉语拼音拼写法》

GB5195-86 　　《中国标准书号》

GB9999-88 　　《中国标准刊号》

GB2260-86   《中国行政区划代码》

GB2261-86   《人的性别代码》

GB3304-86   《世界各国和地区名称代码》

GB3469-83   《文献类型与文献载体代码》

GB4880-85   《世界语种代码》

GB4881-85   《中国语种代码》

GB7156-87   《文献保密等级代码》

关于文献内容描述，制定有 GB3860-83《文献主题标引规则》，推荐使用《中国图书馆图书分类法》和《汉语主题词表》。

对西文文献的处理，基本采用国际标准。为了与西文文献机读目录的研制工作相互协调，1983 年 8 月 1 日—13 日召开了"西文图书编目标准化与自动化研讨会"，就采用 ISBD、AACR2 和 LCSH 的有关问题进行深入讨论，会议商定由北京图书馆、中国科学院图书馆和北京大学图书馆的部分西编人员共同编写《西文文献著录条例》，1985 年 12 月由中国图书馆学会出版。

1982 年 2 月公布了 GB2901-82《文献目录信息交换用磁带格式》，标准参照 LCMARC 格式，其附录 A 列出"图书目录系统用 008 字段结构说明"，附录 B 列出"图书目录系统用的数据区内容"，但在实际应用中深感不便。1977 年国际图联推出了 UNIMARC，该格式受到图书馆界的欢迎，北京图书馆据以编订了《中国机读目录通讯格式（试用稿）》。1989 年 9 月，中国图书馆学会自动化研究分委员会召开了机读格式学术研讨会，对试用稿提出了许多修改建议，并研究了实际采用的一些具体问题。北京图书馆于 1990 年定稿出版，为各图书馆广泛使用。

1990 年 8 月，全国情报文献工作标准化技术委员会又推出《中国公共交换格式（CCFC）》，目的是为各种不同文献机构提供一个共同的交换格式。但因其与现行各项文献标准不甚对应，故图书馆界很少采用。

（四）汉字信息处理技术的突破

汉字信息处理技术是我国图书馆自动化的基础条件，计算机界在这方面投入了相当多的人力、物力，取得了重大进展。第一，编制了 GB2312-80《信息交换用汉字编码字符集——基本集》，收入汉字6763 个，其他文字符号 682 个，可用于各种型号的计算机，1986 年又编订了第二辅助集与第四辅助集，连同基本集收入汉字达到 23 000 个。第二，研究了各种汉字输入方法，有数百种之多，出现了一批易学易用、输入效率高的输入方法，如"五笔字型输入法""自然码输入法"等。尤其是以词语为输入单位的设计思想，使汉字的录入速度超过了西方文字的录入速度。正在研制中的图形识别和声音识别方法，将从根本上改变汉字的输入与处理过程。第三，随着各种计算机汉字激光照排系统的研制成功，汉字输出手段不仅有很高的精密度，而且包含各种字号、字体与公式符号，为生产文献数据库（电子出版物）创造了条件。第四，计算机系统汉字信息处理软件有所发展，从操作系统、高级语言到数据库管理系统均支持汉字信息的描述、传输、比较识别、编辑、控制等，其中汉字属性字典的研制成功满足了图书馆自动化最基本的要求。第五，对于多文种字符集的处理，研究人员进行了各种研究试验，有的以硬件方式，有的以软件方式，均取得了一定的成果。汉字信息处理技术上的障碍突破以后，整个文献信息系统的状况有了很大变化。其中，电子出版系统的成就最为显著，达到国际领先水平；情报检索系统也有可喜的进展，在文献数据库制作、辅助编制主题词表、汉语自动分词和标引、科技情报检索网络的开发等方面作了许多工作。这些对于图书馆自动化事业都起到了积极的推动作用。

二、自动化系统近况

1981 年 8 月，美国 IBM 公司推出准 16 位的个人计算机（IBM-PC），这是计算机发展史上的一件大事。1983 年，IBM-PC 系列微机大量涌入大陆市场，掀起一股微机热。由于其性能价格比好，投资要求低，图书馆界也很快卷入这个浪潮之中。特别是 PC 机的汉字操作系统 CCDOS 开发成功，dBASE、ISIS 等软件汉化后，安装微机、研制图书馆自动化系统的图书馆越来越多，图书馆自动化成为自动化进程中最突出的一个方面。各项实际应用系统的先导，推动了大、中、小型计算机系统的开发工作。

（一）公共图书馆系统

1. 北京图书馆

北京图书馆 1978 年成立计算机组，开始自动化研究工作，1980 年起订购 LCMARC 磁带，1984 年 5 月接受日本政府赠送的一台 M-150H 小型计算机，1985 年正式成立自动化发展部，以建立国家书目系统为主要目标，利用 M-150H 及多台 IBM- 系统微机，进行了下列开发工作。

建立 ISDS（国际连续出版物数据系统）中国中心的计算机处理系统。自 1986 年起向 ISDS 国际中心报送中文连续出版物机读数据，已累计报送 4500 多条书目记录。1991 年解决了 ISDS 机读格式与 CNMARC 格式之间的格式转换问题，可同时产生两种格式的书目记录：ISDS 格式的西文书目记录和 CNMARC 格式的中文书目记录。

编制汉字属性字典。在 M–150H 上建立了汉字属性字典后援软件系统，收入中国汉字的编码、读音、字形、笔画等二十余种具有实用价值的属性数据，可以实现不同国家、地区之间的汉字信息交换；可以按照偏旁部首、汉语拼音、笔画笔形、四角号码等方法对汉字信息进行排序处理；可以实现正形汉字与异体汉字的连接，满足汉字信息检索和文字规范管理的要求。该系统可移植到各种型号的计算机上，已为许多图书馆所采用。

研制 CNMARC 试验数据。1980 年引进 LCMARC 磁带后，我们进行了一系列开发工作，用以辅助西文图书的采访与编目。在此基础上，以 UNIMARC 为蓝本，编写《中国机读目录通讯格式》，并在 M–150H 上设计"中文机读目录编制系统"，进行数据试验，经广泛征求意见、反复修改后出版。

1987 年北京图书馆新馆落成时引进美国 CLSI 公司的 LIBS–100 计算机流通管理系统，硬件为 PDP–11/73 及 8 台带光笔条形码阅读器的终端，用于 30 万册中文普通图书外借处的业务处理。

1989 年引进日本 NEC 公司 2 台 ACOS–630/10 大型计算机（每台为 24MB 内存，共有 24GB 外存，256 台中文、西文、日文、俄文终端），系统可支持 32 000 个汉字，终端实际处理 23 000 个汉字。"中文图书采编检综合管理系统"于 1991 年 11 月 7 日开通运行。该系统包括采访、编目、检索、规范处理、源数据处理、产品生产、系统统计等子系统。随后将建立西文、日文、俄文采访、编目、检索、书目生产子系统，连续出版物管理子系统与书目数据联机检索子系统。

在此期间，北京图书馆完成了《中国图书馆图书分类法》第三版的修订工作，《汉语主题词表》社会科学部分修改亦已脱稿（自然科学部分的修改工作由中国科技情报所负责，已出版），编写了《中国机读规范格式》和《规范数据款目著录规则》两个草案，为书目数据处理的标准化与规范化创造了条件。此外，还研制了"微机编目系统"，先期进行中文图书的编目处理，制作了近 10 万条记录。

1991 年 1 月成立了"中文机读目录数据中心"，开始向图书馆界发行《中文机读目录》，每半月一次，每次四张 5 英寸软盘，每盘 300 条书目记录。至 1991 年年底，累计书目记录已有 15 万条，分整套订购、按中图法大类号订购和按 ISBN 号逐条提供三种发行方式。已有 IBN/AS400 "光盘网络系统"，含光盘驱动器 3 台，存储容量 325GB，通过网络连接各种型号的微机、打印机、扫描仪，目前正用以开发"宋元善本光盘存储检索系统"。

2. 中山图书馆

广东省中山图书馆在省级公共图书馆中较早进行自动化研究工作，1983 年以 IBM-PC/XT 微机编制了"广东省西文自动编目系统"，1986 年完成"广东地方文献数据库子系统"，1988 年开发了面向中小型图书馆的"微型电脑通用管理系统"，并在一些图书馆实际应用。

在上述工作基础上，1989 年引进 IBM 公司的 AS400/B35 和 AS400/

B10各一台，内存分别为16MB和4MB，外存共2330MB，磁带机2台，配有数据库查询语言SQL和QUERY，程序设计语言COBOL、RPG、BASIC及软件开发工具ADE、AS400还提供多语言支持功能，可处理中、英、日、俄等文种。该馆电脑室采用软件工程中的"原型法"进行系统开发，8个月时间完成了"广东省中山图书馆自动化集成系统"的设计，该系统于1991年4月投入试运行。系统分为中文采编、外文采编、中文连续出版物管理、外文连续出版物管理、流通管理、地方文献、古籍善本、书目参考咨询、公众信息服务、行政管理、联合目录11个子系统。在试运行过程中不断修改软件，完善系统功能。该馆还计划与广东地区的图书馆连成网络。

3. 深圳图书馆

1986年，深圳图书馆馆舍建成开始服务时，即实现了全部流通业务的计算机管理，以2台美国Charles River Data System公司的宇宙32/115T高档微机（每台含内存2MB，共有外存300MB）、9台终端，研制成"实时多用户计算机光笔流通管理系统"，管理10 000多名读者，130 000多册藏书，每日处理600多个操作，是公共图书馆中最早应用计算机管理流通业务的单位。

1987年开始研制通用型的"图书馆自动化集成系统"，这是一个多馆合作开发的项目，参加研制的单位有湖南、黑龙江、湖北、甘肃、四川、江苏、辽宁和广东等省图书馆。系统配置为1台Apricot VX800/90超级微机（内存24MB，外存1047MB），配有48个智能接口，实际连接26台终端、10台打印机、6套CCD条码阅读器，通过Novell局域网与3台386多用户微机相连。整个系统分为采购、编目、流通、连续出版物管理（以上分别在 386 多用户微机上运行）、书目检索和参考咨询六个子系统，于 1991 年 8 月投入运行。研制期间还与湖南、南京、黑龙江等省图书馆合作，回溯转换了 1985—1989 年出版的中文图书书目记录，约 59 000 条。该系统在 Unix 操作系统支持下，完全用 C 语言编程，通用性能好，可移植性强，现已在 30 多个图书馆应用。该系统还可向具有 Unix 操作系统的小型机升级。

4. 其他

其他省级公共图书馆大都配备一至多台微机。上海图书馆与南京图书馆分别引进 Bibliofiile 光盘系统，进行西文图书编目处理。上海图书馆自行研制的"中文期刊微机管理系统"，制作书目记录近万条；《全国报刊》微机编辑排版检索一体化系统"1991 年投入运行。南京图书馆研制了"中国古籍书目机编索引和联机检索系统"，内蒙古图书馆研制了"微机蒙文图书目录管理系统"，也有一些图书馆自行开发了各种单功能系统。大连市图书馆引进 1 台 HP3000 小型机，应用上海交通大学图书馆开发的集成系统软件。

公共图书馆系统除北京图书馆外，整体上自动化起步稍晚，计算机技术力量相对薄弱，但有两个特点：一是北京图书馆的工作在整个图书馆界具有举足轻重的作用，其成就公共系统当先受益；二是公共系统组织较为严谨，开发项目也较集中（国家书目中心与深图集成系统两个重点），系统内部的业务协调与技术推广要好些。北京图书馆制作的中文图书机读目录软盘和深圳图书馆开发的自动化集成系统在公共图书馆推广很快。

（三）高校图书馆系统

1. 北京大学图书馆

北京大学图书馆从 1978 年开始自动化研究工作，曾发起 MARC 协作组的活动（1980 年），编印《图书馆自动化资料汇编》（1981 年），翻译 UNIMARC（1986 年），并先后研制了西文图书采购系统、连续出版物管理系统，利用 LCMARC 磁带辅助选书、编目、编制西文联合目录等试验性系统，举办过多次自动化主题的培训班与研讨会，在图书馆界有一定影响。

1985 年利用世界银行贷款，引进 1 台 VAX-11/750 小型机，配有内存 6MB，外存 912MB，磁带机 2 台，打印机 4 台，终端及 PC 微机 19 台。在此设备上开发了"机编西文图书联合目录"，以 LCMARC 为源数据，用 10 个联合目录参加单位馆藏西文图书的 ISBN 与 LCCN 号为检索信息，提取书目记录，编成联合目录，年报道量 200 000 种，可以书本、卡片、软盘三种形式提供服务。后来又将微机编目所产生的书目数据传送到 VAX-11/750 上建立书目查询系统。

北京大学图书馆于 1986 年首先引进 Bibliofile 光盘系统，用于西文图书编目。后又购置了 IBM-PC 系列微机 7 台，开始了中文采购、编目、连续出版物管理系统，陆续投入实际业务处理的应用。此外，该馆与美国 RLIN 系统合作，编制中文善本书的机读目录。

在上述工作基础上，1990 年进行了一系列软件开发工作，在微机上进行采购、编目等操作，在 VAX-11/750 上实现书目查询，形成初步的运行系统。同时，结合建立文科文献情报中心，再购置 1 台 VAX4500 计算机，预计在 3~5 年内达到系统设计的总体目标。

2. 清华大学图书馆

清华大学图书馆于 1978 年 4 月成立了计算机小组，1980 年 4 月由学校分配 1 台 DJS-130 计算机，研制成多用户计算机实验系统，以此进行了图书流通管理、图书馆事务管理等试验，并于 1982 年建成"多用户联机书目检索系统"，投入试运行。

1983 年 9 月，清华大学图书馆发起编制《中国高等院校学报论文文摘》（CUJA），现已有 700 多所高校学报编辑部参加，数据库记录总数已有几十万条，并自 1989 年引进 Bibliofile 光盘系统，用于西文图书编目处理。随后又安装了 DIALOG 系统的联机检索终端，开展情报检索服务。还陆续购置了 2 台 MV4000/DC 多用户微机、12 台 IBM-PC 系列微机，进行各种开发试验。1990 年引进 1 台日本富士通公司的 FACOM K670/40 小型计算机，配有内存 32MB、外存 5GB、磁带机 2 台、打印机 7 台、终端接口 64 个、终端 20 台、PC 工作站 15 台，并有 ILIS 图书馆综合管理系统软件包（包括图书采访子系统、期刊采访子系统：图书 / 期刊编目子系统、流通子系统、检索子系统），于 1991 年 10 月 23 日开通，进行软件安装调试与本馆的建库工作。已输入中文图书书目记录近 50000 种，100 000 多册，西文图书书目记录近 10 000 种，西文期刊书目记录 3 000 多种，合订本 30 000 多册，中文期刊书目记录 70 000 多种，陆续交付各业务部门使用，向用户开放，用于公共检索。

3. 上海交通大学图书馆

上海交通大学图书馆早在 20 世纪 80 年代初就利用校计算中心的

王安小型机进行自动化管理试验。1986 年在包兆龙图书馆建设过程中，引进 1 台 HP3000/39 小型机，配有内存 1MB、外存 65MB、终端 4 台、条形码阅读器 5 台（后又增加 10 台）、HP150 个人计算机 1 台，用 COBOL 语言编写了"联机多用户图书流通管理系统"，在新馆落成时投入使用。同时引进 1 台 Bibliofile 光盘系统，用于西文图书编目。

随后又引进 1 台 HP3000/935 小型机，配有内存 48MB、外存 3400MB、磁带机 2 台、中文终端 10 台、英文终端 12 台、亚洲工作站（具有英汉日三种文字的处理能力）7 台和 MINISIS 及 IMAGE 两种数据库管理系统软件包。以 2 台 HP3000 并联，开发"包兆龙图书馆管理集成系统"，该系统包含采购子系统、编目子系统、流通管理子系统、连续出版物管理子系统、财务管理子系统、公共查询子系统 6 个部分，现大部分已投入运行。此软件还被推广到其他一些图书馆使用，在图书馆界有一定影响。

4. 其他

高校系统图书馆在自动化进程中最为活跃，拥有计算机的单位和技术力量都居图书馆界之冠。部分高校引进了 HP3000 小型机，使用上海交大开发的软件，形成了一个用户群。继华东师范大学、复旦大学与清华大学之后，1991 年又有 15 所大学图书馆购买了富士通 K 系列小型计算机及 ILIS 图书馆自动化软件包，成为一个更大的用户群。汕头大学图书馆于 1990 年购置 1 台 Micro VAX Ⅱ 超级微机，开发了集成系统，并已投入运行。北京农业大学图书馆利用世界银行贷款购置 1 台好利威尔小型机，配有内存 48MB、外存 8GB、磁带机 2 台、微机与工作站 52 台、打印机 24 台、以太网设备与通信软件、ORACLE 软件包，已于 1991 年底安装，正在调试软件。

绝大多数高校图书馆拥有各种档次的微机与工作站，开始用软件覆盖了图书馆的所有业务，包括各种各样的单功能系统，还有一些微机局域网集成系统与微机多用户集成系统。其中，福建师范大学图书馆的"386 微机多用户图书馆集成系统"，深圳大学图书馆的"计算机管理集成系统"，东北水利电力学院图书馆的"整体化图书馆情报计算机管理系统"，都被推广到 10 多个图书馆使用。

全国高等学校图书馆工作委员会自 20 世纪 70 年代起曾多次召开会议，研究自动化进程中的诸多问题，采取一些协调行动。1989 年成立"现代化技术委员会"，安排了 18 个研究项目，包括面向中小型馆的通用集成系统、地区性外文书刊联合目录、关于自动化发展的软课题等内容，组织几十个大学图书馆协作研制。其中以转换 1981—1990 年出版的图书书目记录项目最为庞大，有 30 多个院校图书馆参加，已完成文件编写、任务分工、人员培训等各项准备工作，现正在进行中。

（三）科技图书馆系统

1. 中国科学院系统

中国科学院文献情报中心是图书馆界最早应用计算机的单位之一，1976 年即与中国科学院计算机科学与技术研究所合作，研制激光文献的情报检索软件。1979 年引进 SPIN 与 CPI 两种国外文献数据库作定题通报服务试验，1981 年在王安小型机上研制成"LASIRS 多用户联机情报检索系统"，该系统已在一些单位应用。

从 1983 年起，与全院 100 多个图书情报室共同研制"中国科学院西文连续出版物联合目录系统"，历时 5 年，于 1987 年完成第一期工程。在 PDP-11/23 计算机上开发软件，制作了 13 000 多种书目记录，除出印刷本外，还建库提供检索服务。1990 年完成第二期工程，书目记录达到 20 000 种。后又承担编制"北京地区西文科技期刊联合目录系统"的工作，在 AST386 微机上开发新的软件，书目记录累计达到 27 000 条。

1989 年，以 1 台 Micro VAX Ⅱ超级微机、4 台 AST386 多用户微机、7 台 PC 系列微机（含光盘驱动器 1 台，用以处理 LCMARC 机读数据）和 6 台光笔条形码阅读器，研制"分布式图书馆自动化集成系统"，包括中文图书采编、西文图书采编、中文连续出版物管理、西文连续出版物管理、国际交换管理、流通管理、典藏管理、书目查询与业务统计 9 个子系统。至 1991 年 11 月已陆续投入运行。

此外，该中心还研制了"检索性书刊排版与造库系统"（1989 年完成），用于《中国物理文摘》《中国天文学文摘》等检索刊物和工具书的编辑排版，同时生产印刷版与机读版两个版本；"图书在版编目项目软件"（1990 年完成）用于新华书店总店《社科新书目》的排版，同时生产征订目录的报版和 CIP 机读数据。正在研制的项目有"中国科学院日俄文连续出版物联合目录系统"和"中国科学引文索引系统"，安装有 STN 国际联机检索终端，提供情报检索服务。

除中国科学院文献情报中心外，中国科学院上海、武汉、成都、兰州四个地区文献情报中心也都进行了集成系统的开发工作。其中，成都与武汉两个中心为微机局域网配置，兰州中心有 1 台 Micro VAX Ⅱ超级微机，上海中心拥有 1 台 HP925LX 小型机和 1 台 HP3000

高档微机。上海中心除研制集成系统外，还研制了"中国生物学文献数据库"及其检索系统，并引进"生命科学"文献数据库的光盘系统，提供情报检索服务。成都与武汉中心分别编制了该地区西文期刊联合目录系统。

中国科学院 130 多个研究所，已有 60% 以上的图书情报室安装了计算机，绝大多数为 IBM-PC 系列微机。陕西天文台情报室和洛阳地区各研究所分别研制的微机局域网图书馆管理集成系统，都在很多所推广应用。上海有机化学研究所情报室与计算机室联合组成计算机化学与信息中心，配置 1 台 VAX-11/780 小型机，建立了"化学文献数据库制作与检索系统"和"图书馆计算机管理集成系统"，相互结合为读者服务，取得较好的效果。

中国科学院曾于 1983 年与 1990 年先后两次组成"中国科学院文献情报系统计算机应用领导小组"，协调解决应用计算机进程中的各种问题，并拟定了"'八五'期间的发展规划"，提出了以网络建设与数据库制作为主要内容的 20 多个项目，组织全院各文献情报单位共同实施。

2. 中国社会科学院系统

中国社会科学院共有 35 个研究所，文献情报系统应用计算机起步较晚，这与整个社会科学研究领域应用计算机的情况与文献情报机构的设置有一定关系。1984 年 9 月院文献情报中心成立，1985 年 10 月建立文献情报中心图书馆，至 1987 年方有一些研究所图书室着手进行应用计算机的试验。1988 年院文献情报中心设立图书资料业务联络协调室以后，才从协调外文期刊订购的需要出发，组织各院力量共同编制了"社科院预订外文期刊联合目录"。1989 年 3 月在全院图书资料工作会议上，决定建立"社科院书刊机读联合目录"，以院文献情报中心、苏联东欧研究所（俄文）、经济研究所（中西文）、日本研究所（日文）、世界历史研究所（中西文）、文学研究所（中文繁体）为6个书目数据录入工作站，院中心负责系统合成。

全院图书资料工作会议后，各所的工作有所进展。经济研究所用微机辅助中英文图书编目，打印目录卡片。近代史研究所用 IBM-PC 系列微机，试行中文图书编目。哲学研究所、社会学研究所、美国研究所、世界史研究所均利用 PC 系列微机进行开发试验。苏联东欧研究所利用两台 IBM-PC/XT，在联想汉卡的基础上，改进了俄文信息处理功能，不仅解决了本室俄文文献的加工问题，还与教育图书进出口公司合作，完成了俄文期刊机读目录的编制工作，输入1900多条记录，还建立了 1949 年以来苏联东欧问题中文书目数据库。日本研究所有 Inter 386，IBM-PC/AT、XT 各 1 台，开发了图书资料管理系统，并制作了日本研究文献数据库。文学研究所图书馆与计算机室合作，利用引进的繁体字汉卡，研制编目软件，建立了该所"善本书目录数据库"，同时还制作了"论语数据库""魏晋南北朝诗数据库""全唐诗数据库"和"红楼梦数据库"，可以对单字或句子进行检索。法学研究所安装了"国家法规数据库"，为研究人员提供定题服务。

社科院文献情报中心组织力量编制了分类主题一体化的《社会科学叙词表》，为有计划地制作社会科学文献数据库做准备。但因种种原因，1989 年 3 月会议的决定未能付诸实施。最近，美国 AST 公司赠送中国社会科学院 50 台微机，其中 20 台分配给图书资料部门，图书资料部门成立了专门项目组，计划在 1993 年年底以前，按各研究所的地理位置，分 6 个区全面启动自动化管理系统。

3. 科技情报系统

20 世纪 80 年代以来，科学技术部门强调情报服务的职能，将图书馆改名（或同时具名）为情报所、文献情报中心或信息中心，计算机的应用也就侧重在情报检索方面，包括引进国外文献数据库与制作中文文献数据库、建立情报检索服务系统、安装国际联机情报检索终端、购置光盘文献数据库系统等。图书馆对于自动化则比较重视连续出版物联合目录的编制。全国地质图书馆、中国医学科学院图书馆、中国农业科学院图书馆等均编有本专业的西文连续出版物联合目录。中国科技情报研究所还主持研制了西文连续出版物联合目录系统与全国性的"中文科技期刊联合目录系统"，1988 年完成第一期工程，在 VAX-11/750 小型机上编成 61 个图书情报单位收藏的 10 014 种中文连续出版物书目记录，除出印刷本外，并建库提供检索服务。1991 年完成第二期工程，参加单位扩至 74 个，书目记录增加到 12243 种。

此外，大多数科技情报单位均安排几台微机建立一些单功能子系统，医学科学院图书馆引进 Bibliofile 光盘系统，进行西文图书编目。农科院图书馆利用 2 台 PC 系列微机进行中文图书编目。地震局图书馆以微机群方式建立了集成管理系统。

三、评价与发展前景

（一）评价

20 世纪 90 年代以来，经过十多年的艰辛努力，大陆图书馆自动化事业从无到有，日益完善，已达到一定的水平。

（1）自动化系统功能更趋全面，实用性不断增强，20 世纪 80 年代开发的一些系统，在实际运行中，经过改进提高，已逐步适应业务操作的要求，提高了工作效率。不少系统采用了"采编合一"的模式，改革了业务处理流程，减少了操作环节。系统覆盖面陆续扩展，有的研发了国际交换管理子系统，有的增加了以财务管理为主要内容的行政管理子系统，有的增加了办公自动化的操作功能，有的与电子出版系统相连接。多文字处理出现了各种各样的形式，除一些厂商提供的专用终端以外，还有一些以软件方式在普通微机上实现的日文、俄文处理系统，支持日文、俄文文献的编目操作。自动化系统的集成化程度不断提高，并超越了原先的范畴。

（2）软件设计技术有很大提高，全屏幕编辑功能已在微机上实现，北京师范大学的"微机中文图书编目系统"接近 Bibliofile 的水平。微机局域网大都从 3+ 网转向 Novell 等高水平的网络软件，而且从单用户微机局域网转向多用户微机局域网，将光盘设备引入局域网系统也获得成功。开发平台采用 Unix 操作系统与 C 语言的越来越多，不少系统使用了多窗口技术，有的还使用鼠标器作操作工具，用户界面更趋友好，帮助功能不断加强。减少录入操作的方法日见增多，如避免 200字段 $f、$g 子字段与 7-- 字段责任者数据的重复著录，225 丛编项字段可由 410 字段映射，在录入 ISBN 时生成出版地与出版者数据等，加上汉字录入的联想功能，大大提高了书目记录的生产效率。

大、中、小型机出现了从"单纯终端"方式向"微机仿真"方式过渡的趋向，即使用微机作仿真终端，只在查询时作为终端访问主机的书目库，其他作业则脱机操作，利用微机自身的软件进行处理，从而减少主机的负荷，提高系统的整体效益，与国际上通行的脱机工作站方式接近。这一方式的广泛采用为书目网络的建设创造了条件。

北京图书馆在 ACOS-630 大型机上开发的采编检综合系统，充分考虑了不同文献类型、不同语种、不同机读目录格式的复杂情况，可用同一软件模块进行处理，提高了系统设计水平与操作效率，为实现中外文文献统一编目处理打下了基础。

（3）自动化系统的诊断、测试与评价方法不断得到改进。相当一部分编目系统具有较好的诊断处理程序，可以全面检查格式上存在的各种错误，指出需修改的地方，从而保证了书目数据的质量。

系统测试已从初期的演示方式进入实用方式，对系统所提供的每一项功能均以相应的实际数据进行检验，如实际数据欠缺，则辅以模拟数据，对于多用户系统或局域网系统则要求现场设备全部启动，以获取各项参数。

有关专家对自动化系统的评价标准与评价方法进行了研究，大体明确了从系统功能与软件工程两个方面进行评价的原则与具体指标，就集成系统及各单功能系统分别提出了测试大纲与评价要点，并建立了系统评价的标准书目数据库，从而为系统的研制、改进、鉴定、验收以及用户的选择提供了一个依据。

（4）目前已经运行的一些系统，尤其是中小型图书馆的微机集成系统发展很快，比之欧美图书馆界的一些自动化系统并不逊色。深圳图书馆的自动化集成系统，其综合指标达到了国际上 20 世纪 80 年代同类系统的先进水平。各项标准、规范亦已陆续制定，编制的书目记录总数接近 100 万条（其中中文图书 40 万～50 万条、西文图书30 万～40 万条，中文连续出版物约 4 万条，西文连续出版物 6 万～7 万条），形成了数千人的技术队伍，包括一批计算机技术、书目数据处理和自动化系统等方面的专家。开发了近百个软件系统，应用计算机的图书情报单位有 600 多个，产生了一大批研究成果，发表学术论文近千篇，出版专著几十种，《现代图书情报技术》（中国科学院文献情报中心主编，1985 年创刊）是这一领域的专业性学术刊物。随着计算机性能价格比日益提高，应用计算机的图书馆数量增长很快，1991 年较 1990 年增加将近 50%。

由于通信条件限制，当时未能形成联机书目网络，只是各自分散运行，因而设备资源与书目资源均未得到充分利用，也未能体现其巨大的社会效益和经济效益。

（二）发展前景

（1）20 世纪，在已有的基础上，由于有了十多年的系统工作经验，又有了一批较为成熟的商品化软件包，系统建设的周期越来越短。80 年代开发一个系统，少则 3~5 年，多至 10 年、8 年。90 年代开发一个系统，只要技术路线对头，用人得当，一般只需 1~2 年时间，快的当年即可见效。随着整个社会经济的发展，人们对信息的需求日益增长，图书馆必然要扩大对应用计算机的投资。预计到 20 世纪末，进入自动化行列的图书馆将增至 2000 个，其中公共系统约 300 个，高校系统接近 1000 个，科技系统达到 700 个。自动化系统的功能将覆盖图书馆的所有业务操作。适应这一形势的需要，还将出现一批为图书馆提供自动化服务的企业。

（2）自动化研究的重点是书目网络的建设。一方面，北京图书馆以其 ACOS-630 大型机的书目数据库为基础，在完善 CNMARC 机读数据制作发行工作与建立国家书目中心的同时，与邮电部门合作，开发通信软件，利用公共数据传输网与各省市图书馆连接，实现网络环境下的联机编目。另一方面，中国科学院文献情报中心、北京大学图书馆与清华大学图书馆在"中关村地区科研与教学示范网"的支持下，合作研制了"APTLIN 联机编目网络系统"。前者是集中式网络，后者是分布式网络，都将在 20 世纪末投入运行。此外，广东、上海等省市亦有研制地区网络的计划。

围绕书目网络系统的建设，书目质量控制技术的实现，促使已有的书目数据集中建库为用户服务。这就要在已有成果的基础上编写 CNMARC 使用手册，推进名称规范性文件与主题词表机读数据的制作发行。研究实行后控规范处理的操作方法，直接采用当代最先进的技术，以降低网络建设的投资。创造条件执行 ISO/IEC 10646 "通用多 8 位编码字符集"，进一步解决多文种处理的问题。实现中外文文献的统一编目，需要对已有的文献著录规则进行修订，同时还要研究联机编目系统中最佳检索点的选择，设计打印分类目排序目录卡片的软件。努力推进图书在版编目计划的实施，做到更大范围的书目资源共享，建设社会化的书目信息系统。

（3）由于汉字电子出版系统取得重大成果，采用计算机激光照排的出版物越来越多，已经出现了各种类型的电子出版物，包括检索性期刊（文献与索引）、各种工具书（书目、名录与词典）和一些学术著作。一般是同时出版印刷版与机读版，也有少数文献只有机读版。

随着光盘技术的逐步应用，电子出版物在今后十年中将有较大的发展。图书馆界面对众多电子出版物蜂拥而来的形势，自动化管理的内容要发生一次飞跃，从书目查询到情报检索，再到全文检索。在 21 世纪到来之际，中国可能会出现第一个电子图书馆，这是历史发展的必然，人们应当为它的诞生做好各方面的准备。

"馆藏资源数字化"
与"社会资源馆藏化"的抉择 *

在我国数字化图书馆的试验与探索中，出现了"馆藏资源数字化"和"网络资源馆藏化"的不同构想。表面看来这是两个相辅相成的概念，却反映了两种不同的指导思想，从而引发出一些需要引起注意的问题。

一、"馆藏资源数字化"的提出

大多数图书馆认为："数字化图书馆是以 Internet 为依托的。数字化图书馆的馆藏是依托网络而深入、拓宽的，数字化信息服务也依网络而遍及世界。因此图书馆数字化建设的基础应该是 Web 服务。通过 Web 服务使图书馆了解网上信息资源，建立网上信息资源导航服务，对电子出版、虚拟馆藏、数字化馆藏从初步到系统地认识，建立本馆与外界的沟通桥梁，开展小规模的数字化建设项目，了解用户需求，积累经验。"因此，在试验和探索工作中，以利用各种电子出版物和网上信息资源为主，选择与本馆服务对象有关的品种和网站，重点掌握

* 本文发表于《大学图书馆学报》2000 年第 4 期。

可免费获得并具有全文的电子期刊，建立便于读者利用网上资源的导航系统，引进国外对数字化信息资源进行受控编目的处理方法，研究其在我国的具体应用。同时，选择本馆最具特色的文献资源（如大学图书馆的研究生学位论文）进行数字化转换试验。

也有一些人认为：建立数字化图书馆，应"在统一领导下，图书馆与科技部门特别是计算机网络部门通力合作，将本馆文献信息资源数字化，通过 Internet 上网，供用户查询"。

因此，有些图书馆就把"馆藏资源数字化"放在了主要的位置，投入了较多的人力、物力。有的购置了大型设备，以转换馆藏作为建设数字化图书馆的起步；有的列出了开发文献资源数据库的庞大计划；有的还引发了侵犯知识产权等一系列问题。

二、问题是怎样产生的

1993 年 9 月，美国提出建立"信息高速公路计划"；1994 年 10 月，美国国会图书馆又推出了"实现数字化图书馆的战略方向"，并开始运作。从此，在世界范围内掀起了建设数字化图书馆的热潮，我国图书馆界震动很大，纷纷进行学习、探索、试验，希图抓住机遇，迎头赶上。由于在各国建设数字化图书馆的计划中，转换部分馆藏占有一定比重，1996 年 IBM 公司在中国推出的"IBM 数字图书馆系统"又以对印刷型信息资源进行数字化转换为主要功能目标。因此，有些人就把馆藏资源的数字化转换看作建立数字化图书馆的主要任务，而对其他方面缺乏全面分析。

三、差距不容忽视

美国一些图书馆在进行数字化图书馆试验的探索过程中，确实对部分馆藏资源进行了数字化转换，其中美国国会图书馆的转换计划还非常庞大。对此，应有全面的分析。

20世纪90年代末，美国上网人数已经接近1亿，中国只有1000万。美国有50%的家庭拥有个人电脑，中国仅仅1%。美国不仅计算机与网络技术先进，电子出版物的年产量也达到数万种。网上信息资源非常丰富。Internet上的信息资源90%为英文。美国国会图书馆从1962年开始发行MARC数据，到1994年已有600多万条记录，全馆自动化程度很高，在数据处理方面积累了极其丰富的经验，所制定的各种规则为全美图书馆界所接受。美国国会图书馆1982年即着手用光盘存储文献信息的试验，1989年实施"美国记忆"项目（1995年完成）。美国OCLC联机编目中心，1994年的书目记录就达到1000万条，连接20 000多个图书馆。美国图书馆界应用计算机已有很好的基础，1991年时，美国研究图书馆协会的成员馆中：93%已连通Internet，其中59%已着手培训师生使用Internet资源，49%订购了或打算订购电子期刊，42%已开始将数字文本用于电子化存储、检索和传递，43%有E-mail界面，允许用户发出馆际互借和文献传递请求，或提出购买建议和咨询问题，85%正在使用或套录电子文献传递服务，81%在其OPAC中收录了其他图书馆的馆藏，81%正在参加规划和建设校园信息系统，72%提供或打算提供从其联机目录进入外部数据库或网络的网关，66%提供存取全文数据库，80%规划或实施了强调存取而不是拥有的政策、服务和资金再分配，61%参与了合作开发或购买电子文档和硬件，55% 已经改变或正在试验改变图书馆组织结构和人力结构以支持存取电子信息，100% 加强了图书馆与校园内其他计算机服务机构（如计算中心）之间的协调与合作。美国国会图书馆正是在这样一个基础上，于1994年推出了将部分馆藏资源转换为数字化形式的项目。

我国电子出版物年产量只有3000多种，网上资源很少，在 Internet 的信息资源中所占比例极低。国家图书馆从 1989 年开始发行中文 MARC 书目数据，现有近 100 万条记录。但至今没有建成一个实际运行的联机编目网络。馆内的自动化程度也未臻完善。一些基本标准与规范尚未在全国范围内得到统一，对于数字化资源的编目处理方法正在研究之中。全国应用计算机的图书馆有 3000 多个，其中上网的有 1000 多个。由于没有建成联机编目网络，至今尚无一个完整的联合目录，也就没有一个图书馆具有完善的 OPAC 系统，就是 In-house-System（本馆的集成系统）所包含的书目也都很不完整。不少馆只是购置了 CD-ROM 用于开展检索服务。馆际借书服务在我国还很不普及。

从上述中美两国基本情况的对比可以看出，我国无论是全社会对计算机的应用，还是图书馆界自身的自动化基础，都非常薄弱，不具备将大量馆藏资源进行数字化转换的条件。目前的主要任务应当是：一方面充分利用 Internet 上的现有信息资源为我国的现代化建设服务，积累网上操作经验；另一方面进行各种基础建设，为实施数字化项目创造条件。

四、美国国会图书馆多方面进行数字化建设

美国国会图书馆在数字化建设中，在回溯转换部分馆藏资源

的同时，还做了三件重要的事情：建立 CORDS（Copyright Office Electronic Registration，Recordation and Deposit System）系统、电子出版物登记、记录和保存系统，囊括全国生产的所有电子出版物。实行 ECIP（Electronic Cataloging in Publication），将传统的图书在版编目工作操作电子化，从而大大提高了书目工作的效率与质量。这是建设数字化图书馆最基础的工作。实施 ERP（Electronic Resources Project），1997 年 3 月开始实施电子信息资源收藏计划，收藏网上的信息资源，包括各种数据库和电子期刊。这三项工作是国会图书馆获得最新数字化信息资源的主要手段，而转换部分馆藏资源只是辅助的手段。

我国在上述三方面具有开展工作的条件（我国《电子出版物管理规定》第三十五条要求，电子出版物出版单位在电子出版物发行前，应当向国家图书馆呈送样本，只是目前缴送的情况不太理想；图书在版编目的工作是版本图书馆在做，已实施网上运行的工程性改造，双方如能协调好可以大大提高运行效率，减少重复投资，打好数字化图书馆的基础；许多图书馆正在多方收藏网上的信息资源，但当前只是处于各自为战的状态，需要进行总体规划），但还没有很好地去做。做好这三件事，对数字化图书馆的建设有着重大的意义。而且做这三件事比做馆藏资源数字化转换的投资少、效益大。

五、电子出版物的激增是导致数字化图书馆出现最直接的因素

尽管推动数字化图书馆发生与发展的主要因素是计算机与通信技术的进步和社会投资能力的增强，但对图书馆界自身来说，最为直接

的还是电子出版物日益增长所产生的影响。

在人类社会发展的历史长河中，科学与技术的进步，总是首先体现在出版物形态的变化上，进而提高社会的信息处理能力，推动社会政治、经济与文化的发展。而每一次出版物形态发生变化，又必然引起文献收藏利用机构质的飞跃：造纸术和雕版印刷术冲破了皇家垄断文献的现象，产生了私人藏书家；活字印刷术推动大量文献出版，出现了公共图书馆；20 世纪 50 年代计算机技术发明并应用于文字处理以后，文献生产能力和社会信息需求激增，导致文献收藏、信息汲取与知识活动的逐步分工，形成新的文献服务机构——情报中心，从而能适应社会的发展，实现其为社会服务的功能。目前，计算机与通信技术突飞猛进，计算机处理能力空前提高，以信息高速公路为依托的国际互联网遍布全球，促进电子出版物，尤其是网上电子出版物的爆炸性增长，必然引起现有文献信息服务机构发生新的变革。早在电子出版物出现之时，国外一些图书馆学专家即预言："我们正在迅速地、不可避免地走向一个无纸的社会"，"当出版物的绝大多数潜在用户已经能在终端存取的时候，当用户的数目大到足以完全支持机读文档的时候，信息资源将开始转向电子式的分发与利用"。因而，他们提出，"要对图书馆的工作方法进行彻底的改革"，于是出现了"无纸图书馆""电子图书馆""虚拟图书馆""无墙图书馆""数字图书馆"等概念。"但无论知识与载体的形式如何变化，图书馆的目的不会改变，图书馆的宗旨永远是：采集、保存、传播各种载体形式的知识与信息，并提供建立在这些载体基础上的信息服务。"

近年来，电子出版物日益增多，许多图书馆先是购买光盘或软盘载体的电子出版物，建立电子阅览室，为读者提供检索与阅读服务；后来又连接互联网，为读者提供网上信息资源的服务。如何将载体形式的电子出版物和网上资源进行组织管理，成为各馆关注的焦点。因此，"数字图书馆的主要思想是采用传统图书馆的方法，即一种较为有序的方法整理和检索网上信息"。这必然是一个长期积累的过程。当电子形式成为出版物的主导形式时，也就是数字化图书馆建成之时。

六、正确对待扩大中文信息资源的问题

对于扩大 Internet 上中文信息资源的问题，是我们每个中华儿女确实要认真对待的。Internet 上中文信息资源极少的状况是不能熟视无睹的，必须努力加以改变。但我们又要考虑现实条件，我们的钱应当怎样花？我们的事情应当怎么做？

20 世纪 70 年代末 80 年代初，我国图书馆自动化起步伊始，一部分人提出了"从引进到自制，从租用到自购，从批量到联机，从西文到中文，从内部处理到实时操作"的构想。当时引进了 LC-MARC 磁带，进行西文图书统一编目和联合编目的试验。另一部分人认为中国图书馆应用计算机应从处理中文图书开始。在处理 LC-MARC 有了一定经验后，我们转而全力进行 CN-MARC 的开发。十年之后，国家又重新投入资金，再次启动西文书刊的联合目录项目。如果当时能同时安排人力，甚至以主要的力量，充分利用引进的设备，进行西文书刊的处理，我国图书馆自动化的进展，也许会更快。

现在由 Internet 引发的数字化图书馆建设，又面临同样的问题：是把主要精力放在充分利用 Internet 的已有信息资源，促进我国科技和教育事业的大步发展上；还是专注于研究，大力进行中文信息资源的开

发？我们对信息资源也应有科学的认识，并不是任何一种出版物转换为数字化的形式就是信息资源，成果被运用起来方显价值。网上信息资源的功能非常广泛，我们的重点应放在科技与教育事业的发展方面。这方面我们的开发能力还很有限。社会（主要是科技和教育界）对国外部分资源的需求较多，我们不能忽视。国内出版的东西虽说不少，但真正创新的东西不多。至于古籍的转换，代价很大，使用的人不会太多，稍后着手为好。而将大众读物上网，虽可吸引很多人来访问，但只是一种表面繁荣，不是我们建设数字化图书馆的本意。

对于国内市场的开发，适应科技普及和提高教育水平的新的出版物，那是出版界的任务。图书馆界的责任是将其收藏、整理与利用。

七、知识产权

知识产权问题是数字化图书馆建设所面临的最为复杂的问题。在现有版权法框架内，在人们对电子拷贝尚无良策的情况下，与出版商的沟通、合作并争取他们的支持，是数字化图书馆试验与探索的先决条件之一。国外同行早有警言："如果未与不愿放弃版权的作者、出版商达成允许数字化扫描、存储和传递文献的协议或许可，那么整个数字化过程就白白浪费了，很多试验也就是因为这个原因而失败。"我们对此不能掉以轻心。

LC 在"美国记忆"的创作中，对著作权法是非常注意的。所收入的 1920 年以来的政治演讲的录音，早期的文献性电影片，图书、手稿、小册子等文本文献、照片等，都没有当前的版权问题。即使如此，在许多具体事情的处理上，还是很认真地征得著作权人的许可。

有人认为，图书馆没有商业行为，与网络公司不同，应对所有作品进行数字化转换，如果作品的著作权人有异议，我们再取消就是了。恐怕没有这样简单。在未取得著作权人同意之前，就将其作品进行数字化转换，这个行为本身就已经侵犯了他的权利，不是取消所能了事的，一旦诉诸法律，就构成法人犯罪。从已经作出的有关这类案件的判决来看，国家维护著作权是坚决的。同时，我们也应考虑到，如果所有作品都被到处无偿复制（按照一些人的说法，所有的图书馆都可以进行复制），作者的权利得不到保护，经济上又没有补偿，那么还有哪个作者会再去从事创作，这将又是怎么样的可怕结果？

有些图书馆如果就这样不经著作人同意，无约束地将他们的作品进行数字化转换，则转换的数量越大，危险也越大。因为一旦法律追究起来，就算不进行罚款，只是要求将全部数据库彻底清除，那也是很难承受的。未来对数字化的创作是否有新的法律、法规，那是以后的事情。美国有人提出了"写作法案"的建议，要求将数字化的作品存放在国家图书馆。在新的法律、法规没有出台之前，我们必须在现有法律、法规允许的范围内进行活动。

八、再论文献信息系统工程

数字化图书馆系统的建设与运行都是一项社会性的大系统工程。它由三个方面、六个部分构成。三个方面是：技术、内容组织和社会环境。技术包含计算机技术与通信技术两部分，两者构成覆盖全球的计算机网络，既是建设数字化图书馆的平台，又是其运行的通道；内容组织包含出版业和图书馆界两部分，出版业是数字化（和非数字化）

信息资源的生产者，图书馆界则是信息资源的组织管理者；社会环境包含知识产权和标准制定两部分。信息资源在计算机网络上的最高级运行形式就是数字化图书馆，信息资源和计算机网络两者之间，以及两者内部和两个部分之间的种种矛盾与技术问题，均通过各种标准、规范、协议来协调统一，以实现系统的和谐运行。各方权益问题则通过完善知识产权和其他法律、法规加以解决，达到经济上的平衡。

1987 年，我曾就印刷载体的部分进行过探索，称之为"文献信息系统"。在主要以纸张为信息存储介质的时候，出版业与图书馆同是文献信息系统的组成部分。文献信息是其他各种信息（自然信息、社会信息、知识信息）经过人类优化与浓缩的物化形式，因而也是人类信息交流的主要工具。"科学信息从它的创作者传递到它的需要者，主要不是通过他们的私人交往，而是通过科学文献系统。这个文献系统的存在，表现于编辑出版机关、书刊营业机关、科学图书馆和科学情报机关的活动。"现在"万千世界统一于数字图书馆中的 0 和 1，书籍、期刊、录音、录像带，乃至古籍、善本、稀世字画甚至 X 光片，都失去了原本的物理形态，只要有相同的属性，就能被同时获取。"不仅自然的、社会的和知识的信息都可以通过网络进行交流，连人际交流也可以在网上进行。这样，知识的传播与创新就全都成为网上活动。其中，出版社是作者成果的生产者，图书馆则是全部出版成果的收藏者。这一分工自雕版印刷术发明后即已形成。现今信息资源生产数量呈爆炸性增长，图书馆的收藏任务更为艰巨。图书馆不应当也不可能成为信息资源的生产者。图书馆只是从保护文化和历史遗产的角度，或是为了更好地利用信息资源，制作一些电子产品。前者是复制馆中不再有版权问题的作品，后者是二次开发，绝不是代替出版部门去生产信息资源。更何况，目前几乎所有的图书都是用计算机激光照排技术生产的，已经有了现成的数字化介质，重新录入或扫描，都是一种浪费。需要寻求一个在现行法规框架内的妥善解决办法。

为了便于有序地组织信息资源，要求生产者遵循有关标准和规范，图书馆界可以提出要求，而要由出版业制定与推广（SGML 是出版行业的标准，而不是图书馆界的标准）。系统工程要求上一道工序要为下一道工序的操作提供便利条件，出版者应充分满足图书馆界提出的各种要求。这里，操作技术的协调和经济利益的平衡极为重要，绝不可以有任何强制行为。总体系统的和谐运行是取得最好效益的保证。

涉及如此众多部门的事，当然不是哪一个具体单位所能负责的，更不是图书馆这样的部门所能承担的，需要国家有关部门牵头，组织方方面面参与，才能做好。

九、历史经验值得借鉴

上述可以说明，出版业是信息资源的生产者，没有信息资源的生产就没有图书馆；图书馆是信息资源的收藏者，没有图书馆的整序与延伸功能，出版业所生产的信息资源就难以发挥跨越时空的作用。两者相依相存，共同承担信息资源系统在社会大系统中应负的责任。而技术方面的支持是实现其功能的前提。我们在这方面有许多值得借鉴的经验。

（1）大量数字化信息资源没有得到有效利用。有关专家指出："我国许多采用激光照排、轻印刷等计算机排版技术出版的书刊在出版前产生的中间产品——电子文稿（有人估计每年约 700 亿字），尚未被充分利用，造成了大量电子信息资源闲置。有关方面建议：如果能将这些数字化的信息加以适当处理，加工成电子出版物的机读数据并记录在软盘等介质上，研制和配备相应的检索处理软件，制作成电子版书刊等电子出版物，不仅可以充分利用被闲置的大量数字化信息，而且还能简化制作电子出版物的程序并节省成本，为我国发展电子出版开辟一条捷径。"这一问题的解决，既有技术性的工作，更多的是政策和体制问题，需要有关部门大力进行协调。

（2）图书馆界不能很好地合作是自动化程度不高的重要因素。计算机在任何一个图书馆的单独使用，其效果都是极其有限的，那只是某些功能的改进，并不能实现社会所需求的资源共享。

就中文机读目录的制作而言，图书馆界共同制定了一个《中国机读目录格式》，但方方面面又出来许多本系统的执行文本，正式出版的就有四五种。原始书目数据的制作者遍布全国，稍具规模的也有十几家，但就是统一不起来，就是建不成一个面向全社会的联合编目网络。甚至有人认为，这个问题好像不需要解决了，因为分布式处理技术可以同时从分散的多个节点上查找所要查找的书目信息。

有没有比较科学的方法，能够少花钱、多办事、走得快一点呢？恐怕还是要有标准化与规范化的考虑，建立统一的面向全社会的网络。

（3）文献数据库与文摘期刊的"两张皮"是又一教训。文献数据库本质上是检索刊物的延伸与发展，是检索刊物的机读化。国外的CA、BA、EI等无不如此。开始时是用计算机排印印刷版的副产品，后来用以建立数据库进行检索服务，形成情报检索系统。我国引进国外文献数据库，建立服务系统的工作是由图书、情报部门做的。随后研制我国文献数据库的工作也就由图书、情报部门（主要是科委系统领导的情报部门）承担，与原有检索类期刊的编辑出版脱节，另起炉灶，重复制作，制作数据库的费用比编辑出版期刊的费用还要高。两者之间还有许多矛盾、扯皮的现象。虽然也想过各种办法寻求解决，但受体制因素局限，到现在这个关系也没有理顺。成本高、效率低，难以形成产业化经营，这是我国文献数据库建设最根本的教训。

"中文科技期刊篇名数据库"及时调整获得新机遇。重庆信息研究所制作的"中文科技期刊篇名数据库"和上海图书馆编辑出版的《全国报刊索引：科技版》，内容上是重复的。各自发行一段时间以后，经双方协商，上海图书馆同时出版《全国报刊索引》哲学社会科学版和自然科学技术版，只出印刷版，机读版由重庆信息所负责。这既解决了双方重复制作的问题，提高了经济效益，也扩大了用户群。

《学术期刊光盘》是计算机界、出版界、图书馆界三方合作的成果。清华大学研制的《学术期刊光盘》，以现行出版的学术期刊为基础，利用期刊排版印刷的副产品，由清华大学学术期刊光盘出版社制作包含篇名索引、论文文摘和全文检索的光盘。光盘出版社和期刊编辑部在版权问题上达成谅解，双方签订正式协议。光盘出版社与图书馆在应用问题上达成谅解，双方也签订了正式协议。各负其责，各有所得。为我国建立数字化信息资源库提供了一个范例。例如，报纸也是可以应用这种方法的。图书和其他出版物也都可以从中借鉴。

综上所述，图书馆应以"社会资源馆藏化"为主要职能，部分馆藏进行数字化转换只是一种补充行为，"馆藏资源数字化"不宜成为图书馆的主要任务，更不宜作为一种口号提出来，那是很大的误解。1994年，我在论述电子出版物发展的有关问题时，即强烈呼吁："图书情报界应尽快摆脱自产自用文献数据库的状况。文献数据库本来是一种电子出版物，其制作与发行是出版界的商业活动。在出版界没有活动之际，图书情报界为解决急需，自行制作所需文献数据库，乃是不得已而为之。现在出版界已将制作电子出版物作为一项重要事情来做，图书情报界即可从中脱身，把精力放在应用上。制作的投资是很大的，用这笔费用购买商品化的电子出版物，可获得数倍以至数十倍的文献数据。而这样的转化，将是一个不小的电子出版物市场，对出版界的活动又是很大的支持，从而减少成本，降低售价，这将是一个良性循环。"时隔5年，再次希望图书馆界能以充分利用出版界的成果为主要目标，着重做好对数字化信息资源的收藏、整理和利用，使我国数字化图书馆建设顺利前进。

数字图书馆非图书馆 *

一、八年反思

在国家图书馆 2004 年 9 月 6 日—8 日举办的"数字图书馆——促进知识的有效应用"国际研讨会上，8 位参与"数字图书馆创新计划"（DLI-1）（DLI-2）和"美国科学数字图书馆（NSDL）"的美国专家，回顾了美国数字图书馆研究 10 年来的历程，报告了所取得的研究成果与未来研究计划，提出了"数字共同体"（Digital Collectives）、"网络基础设施化知识社区"（Cyberinfrastructure-enabled Knowledge Communities）、"全球记忆网"（Global Memory）等一些新的概念，进一步说明了数字图书馆的综合性内涵及其对整个学术界所产生的革命性影响。这使人们更加清楚地认识到，"数字图书馆绝不仅仅是数字化的图书馆"。

以 1997 年"中国试验型数字图书馆"课题立项为标志，数字图书馆的实际研究工作在我国已经有八年时间。1996 年 8 月在北京召开的第 62 届国际图联大会，举行了"数字图书馆：技术与组织影响"专题讨论会，会前 IBM 公司又推出他们的"数字图书馆系统"，在我国图书馆界很快掀起了认识数字图书馆、研究数字图书馆、探索数字图书馆的热潮。

_____

* 本文发表于《大学图书馆学报》2005 年第 4 期。

　　八年来，我国在数字图书馆探索上取得了不少成果。数字资源建设有了一定的发展，上网提供信息服务的网站有数千个，参与的部门包括政治、经济、科学、教育、文化、卫生、新闻、出版等单位，涉及的内容几乎涵盖了社会生活的方方面面，并且建成了若干大容量的数据库和服务网站，在数字图书馆技术上进行了深层次的研究。尤其是人们对网络阅读习惯的认同，超越了学者的预想。近一半网民上网是为了获取信息，对信息的需求仍在不断增长。许多网民认为："从根本上来说，互联网就是一个图书馆，一个有史以来最为庞大、生生不息、自我繁衍的崭新意义上的图书馆。""电子图书馆"是网民最了解的术语之一。这些成果是全社会共同努力所取得的，图书馆界也在其中作出了积极贡献。

　　面对上述情况，有些数字图书馆研究者对全社会在数字图书馆探索上的成就没有形成全面的认识，因为这些事情不都是图书馆界做的。同时，又惊呼图书馆提供信息服务的功能被别人代替了，"图书馆正面临被社会边缘化的危机"。究其原因，是相当一部分图书馆界人士将数字图书馆看成"图书馆自动化发展的高级阶段"，"是传统图书馆的延伸"，因而以传统图书馆学的观念来看待数字图书馆的发展。从"中国试验型数字图书馆"课题启动伊始，学术界就对这一认识存在分歧。虽然八年来图书馆界经历了从单纯热情（1997—2000年）到冷静思考（2001—2002年）到求真务实（2003—2004年）的变化，扭转了初期的盲目性做法，但前述误解并未获得彻底改变，并严重影响了研究工作的进展。以本文开头提及的这次国际研讨会为例，中方提交的论文既少，论文水平又较低，比起两年前的第一次研讨会，中美两国的数字鸿沟不仅没有缩小，反而加大了。为了推进我国数字图书馆事业的顺利进行，必须对这一问题深入展开讨论。

二、热情使人们忽视了科学

数字图书馆是数字技术在全社会广泛应用的产物。数字化信息资源迅猛增长，尤其是涌入因特网的巨量信息资源基本上是无序的，查询利用非常困难，因此需要进行有序整合，以满足人们对信息的需求。

数字图书馆是一个社会性、国际性的概念，是一项巨大的研究项目，任何一个具体部门、一个地区，甚至一个国家，都不可能单独地进行数字图书馆建设。参照美国国家数字图书馆计划，数字图书馆覆盖了社会的各个方面，需要研究的课题几乎涉及所有学科，只有社会各界协调发展，共同努力，才能完成这一伟业。

数字图书馆是数字化社会整合与利用数字化信息资源的一个虚拟社会组织，包含数字资源制作、传播、整合、利用各个环节。数字图书馆是管理各种信息资源（包含自然信息、社会信息、文献信息）的综合系统。

因此，数字图书馆是一种特殊形式的信息技术，"对数字图书馆的研究将致力于减少找到所需的或者期望的信息而付出的精力，优化理解和使用信息的能力，促进和提高智力能力，以便于创造性地转化信息，成功地获得新的发现和发明"。美国"数字图书馆创新计划－1"的内容就是："对数字图书馆的研究就是对网络信息系统的研究，主要集中在如何开发有效地大规模管理网上信息的必要基础设施。关键的技术问题是如何从各种大量的收藏中搜索和显示所需要的资料。"其强调指出："这些就是'研究项目'，并且不应该与许多图书馆员所认为的电子图书馆联盟相混淆！""数字图书馆创新计划－2"扩大了资助项目的数量，要求"在研究、教育、商业、国防、卫生服务和娱乐等人类活动领域中，进一步认识新数字图书馆对社会行为和经济产生的影响和作用并开展研究"。美国总统信息技术顾问委员会向总统提出的报告《数字图书馆：对人类知识的普遍存取》，对数字图书馆的目标描述为，"不论何时何地的所有公民都能够使用任何与因特网连接的数字设备查找所有人类知识。通过因特网，他们可以访问全世界由传统图书馆、博物馆、档案馆、大学、政府机构、专门组织和甚至个人创建的数字收藏中的知识……"

上述论述说明，数字图书馆与传统图书馆虽然有很多联系，但在概念上有很大差别：传统图书馆是实体的，数字图书馆是虚拟的；传统图书馆有一个个具体的图书馆，数字图书馆却只有整体的形态，没有离开整体的个体；传统图书馆必须拥有馆藏，数字图书馆却强调对信息的存取能力；传统图书馆的服务是有形与直接的，数字图书馆的服务是无形与间接的；传统图书馆为所有识字的人群服务，数字图书馆的使用者必须具有一定的文化水平；传统图书馆办馆条件简单，数字图书馆必须应用高科技手段和必要的数字设备；传统图书馆是单方面为读者服务，数字图书馆与用户是互动的关系；传统图书馆只是指图书馆，数字图书馆则包含图书馆、博物馆、档案馆、展览馆、科技馆等各种提供信息服务的机构，美国有些学者已称其为"网络基础设施化知识社区"。因此，数字图书馆从理论到实践与传统图书馆都不是一回事。

笔者在1989年曾根据国际社会的发展，指出"我国图书馆界需要弄清楚：用户主要通过计算机网络从电子图书馆（或叫电子数据库、电子数据中心等）获取所需文献信息的情形在我国将于何时出现，我们为此需要做哪些工作，人们对图书馆的认识将要发生什么变化，电子图书馆又是怎么一回事情，等等"。但所述并未引起业界的重视与认真思考。许多人对此并无很多思想准备，在国外数字图书馆理论与实践传入我国时，随机跟进，缺乏对数字图书馆理论的深入研究，又未从我国实际情况出发制定科学的发展战略。因数字图书馆对数字化信息资源进行整合的方法与传统图书馆管理馆藏所用方法接近，又由于英语"Library"一词与"图书馆"同义，加之国外图书馆员在资源整合工作上又承担了许多繁重的工作，还有一些图书馆参与了数字图书馆的研究活动，所以就很容易把广义的数字图书馆，理解为传统图书馆职能的延伸与发展，从而把数字图书馆研究看作图书馆界的事情。加之以为国外已有成熟技术，拿来即可应用；对相关问题的难度，如知识产权、标准制定、元数据研究等估计不足，怀着改变我国图书馆界落后面貌的迫切心情，跳过了认识、研究阶段，直接进入数字图书馆探索行列。在"发展中国数字图书馆工程，就是要组织图书馆和有关机构的中文信息资源上网"的号召下，把严谨的科学探索，简单地变成了"馆藏资源数字化"的"竞争"。

国家863攻关项目"知识网络——数字图书馆系统工程"负责人早就指出："我们现在所使用的'数字图书馆'一词，是从英文 Digital Library 翻译过来的，因为美国人先使用了这个术语。这个词翻译得对不对，到底应该怎样理解这个词？Digital 的意思很明确：数字化的，但 Library 这个词翻译成图书馆对不对呢？我们来看看 Library 这个词的本义。在英文中 Library 有两个基本解释，一个是'图书馆'，另一个是'库'。Digital Library 的英文本义应该更强调的是'库'，而不是'图书馆'。因此，Digital Library 最准确的翻译应该是数字资料库。数字图书馆与数字资料库的区别有多大呢？很大！因为一说数字图书馆人们想到的是一个图书馆，有一座大楼，有宽敞的阅览室和大型书库，当你查到书并提出要求后有一条自动化传送带把你要的书从书库的深处送到你的面前。但是数字资料库就是另外一回事了。数字资料库是一群计算机系统，它们可能放在一起，也可能北京一台，上海一台，南京一台，然后用互联网连接到一起构成分布式系统。用户只要能上网，就可以查数字资料库，所以它和传统的图书馆几乎没有什么共同的地方。当然，由于'数字图书馆'一词已被广泛使用和接受，我们不妨仍沿用该词，但必要时须强调它的真实含义，以免初涉者望文生义。实际上，现在已经有不少人认为'数字图书馆'就是将现有的图书馆资料数字化后上网，这是一种误解，是把一个复杂的分布海量多媒体计算机管理系统看成一个简单的图书馆管理系统，需要我们向从事该领域工作的科学家和工程师们不断说明，让新进入者少走弯路。"

可惜这些警语并未能使"怀着一腔热血"的人们头脑清醒。当时有些人想得确实太简单了，有人以为投资500万元就可以将一个省级馆全面实现数字化，有人以"在网页声明'本馆书刊免费上网服务无任何商业目的，如作者认为有版权争议电告即将该书从本馆网站取下'"的方式解决知识产权问题。人们以国家图书馆具有年生产5000万~6000万页全文影像数据的能力，作为进行数字化建设的重要条件。媒体还屡屡报道××图书馆将要建成数字图书馆的消息。不少图书馆都提出了数字化建设的计划，谁也阻挡不住这股浪潮。"南方某大学图书馆就正在将全部到馆的新书及已入藏的教学参考书进行数字化处理，制作成电子图书。"在2000年对中国图书馆学会的一次调查问卷中，回答进行馆藏数字化的5个图书馆里，"有2个高校图书馆已经将馆藏的70%进行了数字化，1个科学院系统的图书馆将50%的馆藏文献进行了数字化，另外 2 个高校图书馆分别将 10 万册（占该馆经济类图书的 50%）和 2700 余册的馆藏文献进行了数字化。"从一些数字文献处理公司的经营业绩看，进行馆藏数字化转换的情况比见诸报道的还要多得多。

三、数字图书馆只是进行信息资源建设吗?

许多事实说明，不少人是用办传统图书馆的方法做数字图书馆的事情。他们认为，建立一个数字图书馆第一要素就是"拥有独立和规模宏大的馆藏数字文献资源"，"存有大量书刊文献的图书馆将随着所藏文献的逐步数字化而演变成数字化图书馆，完成从传统到现代的过渡"。有的人在其图书馆转换了 5000 多种图书以后，就认为"已具备数字图书馆的雏形"。

尽管专家们反复指出："我们在数字化图书馆建设的过程中应有一个清醒的认识，将传统的图书馆服务搬到网上去并不是数字图书馆，将馆藏资源进行大规模数字化后也不一定是数字图书馆。""在全社会（包括这个图书馆本身）的数字化信息资源还只有很少一部分的时候，怎么可能有一个数字化图书馆呢? "但某些图书馆学家自有他们的说法。他们虽然也承认数字图书馆是一个虚拟的信息空间，但又或认为"图书馆的自动化、网络化基本实现以后，下一步的目标就是建立数字图书馆"，"数字图书馆最核心的是数字资源库的建设"，或是认为"狭义的数字图书馆局限于指正式的图书馆，即将数字图书馆理解为传统图书馆的数字化"。于是就把图书馆数字资源建设与数字图书馆探索混为一谈。

国家图书馆 1998 年 7 月即提出"中国数字图书馆工程"项目计划，（后来又有一个"中国数字图书馆示范工程"项目）已于 2004 年 10 月正式启动。

高校系统 1997 年安排了"中国高等教育文献保障系统（CALIS）"，2004 年 11 月又启动"中国高等教育数字化图书馆（CADLIS）"项目，而且许多重点大学与地方院校都有数字图书馆项目。

科学院系统有"中国科学院国家科学数字图书馆"。

地方上则有"上海数字图书馆"项目、深圳图书馆的"数字图书馆系统平台与网络架构研究"项目等。其仍旧遵循传统图书馆的条块分割体制，以资源建设为主要目标。

美国数字图书馆专家丹尼尔·E.阿特金斯最近在《网络基础设施化知识社区有关研究图书馆与数字图书馆之探讨》一文中介绍了美国国家科学基金会顾问组针对数字图书馆技术研究的进展提出的调查报告，"计算机、信息和通信技术的不断进步和当今社会技术难度的增加，范围和规模的扩大，为科学工程技术的研究翻开了新的一页。这项技术已经跨越了初级阶段，现在有能力实现综合性'网络基础设施'，并在此基础上力争营造新型的科学工程知识研究环境，同时更高效地探索新的研究方法。不照这样做会付出沉重的代价，不仅会错失良机，还会使这些研究组织分崩瓦解……"顾问组同时建议应该成立果敢的领导机构和重点投入资金支持这项运动。丹尼尔·E.阿特金斯还指出，"愈来愈多的幻想家预见到这场科研革命将领导其他领域的革命，并最终领导整个学术界的革命"。这里对数字图书馆的技术意义又有了更深层的阐述，需要引起我们的重视。

我们目前的研究项目安排是：一是对数字图书馆的技术开发非常

不利，弄不好我国会成为单纯的信息资源加工点，关键技术均需从国外引进，建成一批资源网站在别人的网络上运行；二是条块分割的结果，许多标准、规范难以统一，至今没有联合目录的状况又将重演；三是对社会各界的数字化建设，缺乏统筹兼顾，力量分散，各自为战，在低水平上重复劳动，会造成极大的资金浪费；四是我国数字图书馆的整体状况将会是一个什么样子，谁也难以预料，可能与国际水平的差距会愈来愈大。

这里不由得想起尼葛洛庞帝的一段话："无论在字面上还是实际运作上，推动变革的都将是互联网。互联网之所以吸引人，不只是因为它是一个遍及全球的大众网络，而且也是在没有设计师负责规划的情况下，自然而然演变而成的，就好像乌合之众般形成了今天的面貌。"也许社会真的就是这样"自然主义"地发展，不过代价太大了，尤其对于本已处于落后地位的中国来说，就这样"自然主义"地发展，能赶上或超过别人吗？有没有比较科学的方法，能够少交点学费，多办点实事，走得快一点呢？

四、资源建设背后的功利主义

在对数字图书馆进行科学探索的同时，有人却误将其视为"无限美好的商机"。

有人说，"图书馆是抱着'金碗'，这'金碗'就是宝贵的资源。"

有人说，"发展中国数字图书馆工程的大思路，就是'抢占与盘活'"。

有人提出具体的商业模式："数字图书馆必须实行企业化运营，使其在经营管理过程中，盘活图书馆沉淀多年的知识资产。""盘活存量资本，主要是盘活基础设施、文献资源等国有存量资产，将国有资产所有权和经营权剥离，组建新的市场主体。""数字图书馆资源建设的主要内容仍然是将印刷载体资料数字化。所以，从某些方面来讲，数字图书馆在目前，甚至相当长的时期内，还不能脱离传统图书馆作为一个实体独立存在。"

有人进行理论说明："在给图书馆一个最初的推动以后（建设完毕），图书馆就能够创造价值，并以自己创造的价值作为维持自身存在和发展的理由和资本。"

一段时间内，人们对数字图书馆与传统图书馆性质、运作方式的区别非常模糊。图书馆历来是最重要的公益性文化事业单位，始终把社会效益放在第一位。数字图书馆公司的名称中虽然有"图书馆"字样，实际上却是以盈利为目的的企业法人。把图书馆办成企业，公益性已经让位于营利性。既然数字图书馆公司以营利为目的而使用他人作品，和图书馆的公益性服务就不是一回事。

图书馆所拥有的资源与一般机构所拥有的资源大不相同，即图书馆的资源不完全为图书馆所有，许多作者对馆藏作品拥有著作权。在图书馆为公众服务时，享有合理使用的豁免权。若数字图书馆公司利用馆藏进行商业化运作，则不受豁免权保护。因此，当北京大学法学院教授陈兴良诉中国数字图书馆有限责任公司侵犯他的信息网络传播权时，法院作出被告败诉的判决。

中国的数字图书馆是不是图书馆？中国的一些数字图书馆公司必须在图书馆的公益性和企业的营利性之间作出选择。不能在运营时强调商业化机制，谋取经济效益；解决知识产权问题时又强调文化机构的"合理使用"。现今的法律环境不允许这种二元化操作,不能在这里打"擦边球"。利用图书馆的公益性进行数字图书馆的商业运作,在图书馆界造成极大混乱,影响至今未能完全消除,某些商业公司仍在利用图书馆的"合理使用"原则为其侵犯知识产权的行为辩解。

五、图书馆自动化研究工作的教训

怎样进行数字图书馆研究,由什么机构进行数字图书馆研究? 863攻关项目组对美国 DLI 项目承担机构分析后说明,"由图书馆或情报学院系牵头的 DLI-2 项目只占少数,多数研究方向是由计算机专家而非情报学家领导的"。这里强调了数字图书馆研究工作的技术性。

国家图书馆的研究人员认为,"数字图书馆与传统图书馆是一种什么关系呢? 多年来始终存在着两种截然不同的看法。一些专家学者认为:'无纸社会'的到来,以印刷型文献为主要处理对象的图书馆将走向消亡;图书馆可能成为印刷时代的纪念物;数字图书馆与传统图书馆毫无关系,它应该一切从零起步,另立门户,去设计崭新的数字图书馆。有些学者持相反的意见,认为数字图书馆'延伸'了传统图书馆的职能,它同样向用户提供服务,只是通过了互联网,使服务方式更为便利、服务的区域更为广泛、服务的对象更多。我们赞成后一种观点,即数字图书馆是传统图书馆的延伸,只是图书馆又一次面临一种叫作'虚拟资料'或者'数字资料'的新资源,需要加以收集、整理、保存和使用。但是这种延伸已经不是'自然而然'的延伸,而是触及馆藏发展、用户服务、人力资源配备和管理、员工素质和观念等方面的调整和重组的重大变革。"这里强调的是数字图书馆的资源意义。

我国学者在对数字图书馆探索的过程中,深深认识到数字图书馆需要五个基础条件:数字信息资源、计算机通信网络环境、技术基础、人员的知识结构与社会环境。"在这些方面,图书馆界自身能加以努力并能够得到改善的主要是在人员的知识结构方面。其他方面的发展和提高,则必须依赖国家政治、经济、科学、技术、文化、教育水平的提高。"在研究项目的宏观管理上,有些专家明确提出,"数字图书馆建设是高科技项目,它是跨部门、跨行业的系统工程。工程浩大,内容复杂,政策性强,标准要求高,持续时间长,经费投入巨大,受益面广,需要一个强大的、权威的部门领导和组织。我认为,有能力真正解决这些矛盾的,只能是中央人民政府。"

笔者以为,所谓国家数字图书馆计划,是一个虚拟概念,是在一个国家范围内,有计划地建立一批数字资源丰富或数字信息处理能力雄厚的网站,形成一个提供数字信息服务的社会化、网络化的虚拟环境,并不是建成一个实体机构。现在承担研究项目的机构(图书馆、博物馆、档案馆或其他部门)都要变成与读者不见面的网站,读者根本不知道他所获得的数字资源来自何处。因此,以行政体制安排项目开发经费,没有什么意义。参照各国做法,在国家一级成立一个数字图书馆项目管理小组,把所有需要研究的课题全部摆出来,组织一批IT精英进行技术攻关。数字鸿沟主要不是在资源数量的差距上,而是在数字技术的差距上。不了解这一点,我国将长期处于落后状态。

在图书馆自动化的研究工作中,我们的教训非常深刻。开始是由各个图书馆自行开发,弄得五花八门。后来出现一些商品化软件开发公司，规模很小，难以达到较高的水平。结果许多大型图书馆与图书馆网络都是引进国外系统。虽然不少人大声疾呼要重视民族产品，但系统功能难以比较。国产系统只能在一些中小型图书馆使用，随着网络化的发展，难逃被淘汰的命运。

图书馆自行开发的另一后果是受单位影响太大，与外部世界缺乏沟通，形成一个个信息孤岛。由于在数据处理上各自采取不同做法，不能执行统一的标准，以致 20 多年没有建立起全国性的联合目录。

在数字图书馆的研究中，如果仍然以图书馆的分散应用为主，历史的教训必将重演，在关键技术上我国将长期处于被动与落后的地位。目前的一些所谓"数字图书馆整体解决方案"，充其量只是数字文献处理软件，与数字图书馆的技术攻关项目根本不是一回事。

六、数字时代图书馆的定位

虽然数字化浪潮冲击了社会生活的各个方面，数字化信息已占据全世界信息总量的 92%，传统的印刷性资料只占 0.01%，但人们仍将长期生活在数字与非数字信息资源共存的社会空间，而且非数字信息资源在相当长一段时间内，依然是信息交流的主要手段与正统方式（如教科书、政府文件、法律文本、合同协议等）。面对数字与非数字信息资源并存的现状，出现了复合图书馆概念，这是研究图书馆科学的战略定位，复合图书馆将是图书馆在相当长一段时间内的生存形态。当前，图书馆的服务 70% 以上也是非数字的，即使是数字形式的资源，由于许多网络产品以 IP 地址为授权范围，读者必须到图书馆才能使用，所以迫切需要解决如何应用数字技术综合处理数字与非数字资源，更好地为读者服务的问题。

"复合图书馆是力图开发出将传统图书馆的文献资源与不断增长的数字化资源实行集成管理与服务的机制与界面。它不只是一个简单的过渡时期，而是一种全新的图书馆模式，具有自身特有的管理要求、运行规律与服务功能。"

因此，图书馆界的主要任务是把社会上数字的与非数字的无序信息资源进行有序整合，用科学方法组成一个知识系统，"图书馆的读者（用户）既可从书目数据库查找书刊资料线索而获得原书、原刊，也可直接检索数字对象库，获得多媒体资料"，在此基础上，对公众提供智能化和个性化服务。例如，某些具有特定需求的用户，可以每天看到为他编辑的报纸，收听为他安排的广播节目，观看为他制作的电视新闻，收到为他准备的有关学科的最新进展报告，等等。还要告诉用户，哪些资源是数字形式的，哪些是非数字形式的，以什么方式可以获得这些资源，包括数字形式的可提供非数字形式，非数字形式的也可以提供数字形式。做到这些，除了数字技术的支撑外，无论对作为服务机构的图书馆，还是从事服务工作的图书馆员，都有极大的挑战性。要研发一系列检索工具，制定相当数量的标准与规范，还要不断完善组织资源和提供服务的方法，包括收集网上资源与必要的非数字资源转换处理。

七、数字图书馆研究是全社会的共同责任

对于数字图书馆的研究，需要广泛的合作。它不应该只是单个图书馆的行为，更不是少数图书馆员的行为。国外、国内的做法和经

验都表明，成功的、实用的数字图书馆项目都是全社会广泛合作的结果。

数字图书馆是一个新生事物，有其从初级到高级、从不完善到完善的逐步发展过程。可以允许尝试、允许失败，但不应盲目、草率，要尽量少走弯路，避免推倒重来。应当在国家一级，结合各方面需求，制定定位明确的、可行的、可持续的发展战略，各方分工，共同努力，图书馆界不要在那些应当由别的部门做的事情上浪费精力。

图书馆学在数字图书馆研究中应当承担的任务是客观存在的，也是社会各界公认的。著名计算机专家陈晓鸥指出："图书馆学一方面在图书信息的整理、分类、深加工、构建元数据等方面所积累的理论和方法，对建设数字图书馆具有非常重要的指导意义；另一方面数字图书馆技术也为这些理论和方法的应用提供了更好的技术手段。同时，许多计算机信息处理方法和理论，如数据挖掘技术，以前很难大规模地应用于图书馆业，数字图书馆为这种应用提供了基础和条件。因此，数字图书馆建设应该在图书馆学的理论和方法与计算机科学的理论和方法的共同指导下进行。"《数字图书馆——原理与技术实现》一书的第二章即"分类和数据描述标准"，并说明："数据的标准化和规范化是实现数字图书馆资源共享的前提和基本保障"。

图书馆界需要集中全国精英，组成攻关小组（任何一个图书馆的个别力量都难以承担），奋力拼搏，完成历史赋予我们的使命。

中文图书"自动编目"的实现 *

一、实现自动编目需要解决的问题

现有图书馆自动化系统的编目软件,其操作流程是从印本图书上,将编目所需的信息资源,按书目记录的结构形式(中文图书使用的是CNMARC格式)逐项录入,生成机读目录。虽然机读目录本身具有印刷版与数字版双重属性,打印卡片与建库检索的处理也是自动化的,但实际上这仍然是手工操作,而非自动编目。因为从印本图书上著录的数据,在图书的电子文本中已经存在,人工又重新录入一次,存在"比特—原子""原子—比特"的非数字化操作的普遍问题。且由于信息开发的深度不一,内容选取范围不同等因素,信息开发标准很难统一。

完整意义的自动编目指的是由出版单位从出版物制作的源头,利用计算机排版文件的相关部分(包含扉页、版本记录页、内容简介、附书名页等,还有目次页与各种插页),自动提取书目记录所需的元数据,按CNMARC格式供全社会使用。美国国会图书馆的ECIP计划正是依照这一原理而提出的。笔者也曾倡议在我国"推行ECIP计划,实现中文图书'自动编目'",因为图书馆界自身是不能实现自动编目的。

---

* 本文发表于《中国图书馆学报》2005年第1期。

由于书目记录所需要的元数据均在出版物的对象数据之中，出版物利用计算机排版所形成的排版文件（以下称"文件"），也是计算机可读的，只是结构形式不同。其自动编制书目记录（以下称"书目"）是完全可以做到的，主要是对线性文件进行结构化处理，但在处理过程中需要妥善解决如下几个问题：

（1）文件包含的数据与书目需要的数据有三种不同情况：①文件与书目一致；②文件需要印出，书目不需著录；③书目著录需要，但文件上没有。

（2）文件中含有说明字号、字体、排版格式等注解语句，是书目不需要的。

（3）对书目各个项目标识的以 XML 描述的结构标签，是文件不需要的。

（4）文件的数据排列次序与书目数据的次序也不完全一致。

（5）自动生成书目，所有元数据必须具有唯一性，书目格式中一些选择性项目须有所调整。

（6）运用 XML 语言，DC 元数据比较好表示，DC 与 CNMARC 需要做到完全对应。

二、HDPS 所采取的做法

自 20 世纪末数字图书馆在我国兴起以后，人们即提出了自动编目的问题，并进行了多方面的探讨，还有人推出了电子编目员的方法。

目前一些出版社运行的复合出版系统（Hybrid Document Publishing System，HDPS），其中包含"ECIP 处理软件"（可单独运行），灵活运用 XML 语言、排版软件、数字文献处理、元数据研究等诸方面技术，在制作复合文件（Hybrid Document）的处理过程中，妥善解决了上述问题，真正实现了中文图书的自动编目，填补了国内的空白。关于复合文件融印刷版与数字版和对象数据与元数据于一体的原理与相关技术，将在另文叙述，这里只说明实现自动编目的有关问题。

1. 运用 XML 语言混合处理结构化数据与非结构化数据的功能

一般数据库管理系统仅能处理结构化数据，XML 语言以一对相互匹配的起始和结束标识符来标识信息，从而可以只描述结构化数据，而对非结构化数据予以忽略，实现两者的分离。凡是书目中不需要的数据（含说明字号、字体、排版格式等的注解语句）均分离在 XML 语言的处理范围之外。如"出版 北京图书馆出版社"，只将需要的出版单位数据标识在所定义的结构标签之内，而"出版"两个字则分离在外。从而使利用线性结构文件制作结构化数据成为可能。

出版＝〖HT5F〗〖BP（<P, name>〖BP〗）北京图书馆出版社〖BP（</P, name>〖BP〗）

对书目需要而文件中没有的数据，作不排版处理，如：

〖KH22〗〖BP（<P, place > 北京 </P, place >〖BP〗

2.发挥排版软件的特点，以不同方法加入结构标签

目前排版软件有多种形式，各有特点。我们按其自身具备的功能，用不同的方法，制作复合文件。

方正排版软件属于批处理排版方式。这种排版方式排版过程不直观，是其缺陷，但我们利用其注解语句，说明 XML 语言描述的语义，使方正小样文件成为复合文件。

WORD 文件，操作方便，形象直观，不少出版单位已应用 WORD 文件进行排版印刷。我们利用其隐藏文字的功能，说明 XML 语言描述的语义，既不影响其"所见即所得"的功能，也不影响正文的打印输出。同样可成为复合文件。

从我国出版业的实际情况出发，利用现有出版软件的特点，与 XML 语言结合使用，不仅免除编写 XSL 表达软件的大量工作，又使复合文件具有实现的可行性。

3.选择适用的全文检索系统进行优化

目前全文数据处理系统很多，但多数系统以原始文本用于浏览，而另建一文本用于检索。海文全文处理系统只用一个文件，可去除排版文件中含有的说明字号、字体、排版格式等的注解语句，直接以排版文件建立索引，以大样文件浏览，符合自动编目的基本要求。

优化工作主要是增加系统对 XML 语言的处理功能和在元数据的标识中采用国家标准格式。优化后的海文系统，能处理含有以 XML 语言描述的结构标签的排版文件，从而产生复合文件。以其含有的 XML 语言描述的结构标签产生的符合标准化要求的书目数据，既有 DC 元数据表示格式，也有 CNMARC 表示格式，CNMARC 格式还可转换为 ISO-2709 交换格式。

4.编制中文图书元数据表

虽然不少人主张书目记录采用 DC 元数据，而且以 XML 语言描述印前电子文本的结构化数据，也以采用 DC 元数据为好。但 MARC 的数据结构严密，其著录格式遵循国际标准，有严格的语义规则和完整的信息描述手段，能够精确完整地记录文献资源。它所生产的元数据是半个世纪科学财富的积累，尽管 DC 元数据在某些功能上还不够完善。国内外图书馆专家大都主张，DC 元数据与 CNMARC 应以共存互补的形式，处理数字与非数字信息资源，OCLC 的 CORC 计划就是使联机编目向数字化发展。

因此，在编制中文图书元数据表时，要统筹考虑。一方面要调整 CNMARC 格式，克服其重复、烦琐、冗长的缺陷；另一方面又要扩展 DC 元数据的修饰词，改变其过于简单的问题，做到相互之间能有全面的、唯一性的对应。在对排版文件进行结构化处理时没有二义性障碍，所产生的数据可满足多方面需求。

HDPS 系统中的"中文图书元数据表"，与《图书书名页》《图书在版编目数据》《普通图书著录规则》《中国机读目录格式》等国家标准保持一致，列出了 CNMARC 与 DC 元数据两种格式的全面对应关系。其中与中文图书物理结构不完全适应的地方，均作了妥善处理，既从中文图书出版的实际情况出发，又认真执行了国家有关标准。使所产生的书目记录达到标准化的要求。

三、HDPS 处理流程

中文图书自动编目，可以取排版文件中的相关部分（扉页、版本记录页、内容简介、附书名页等），利用"ECIP 处理软件"专门进行编目处理，也可在制作整本图书的复合文件时一并处理。两者的处理流程稍有不同，这里说明专门进行自动编目处理的流程：

进入 HDPS 系统的自动标识模块

↓

取已印刷出版图书排版文件的相关部分

（制作 CIP 数据使用未印刷时的文件）

↓

对编目所需数据元素标识结构标签形成复合文件

↓

在排版软件中进行排版处理，确认大样文件无误

↓

将复合文件装入 HDPS 系统的数据库

↓

装库成功后即可浏览该文件的 MARC 屏幕显示格式

↓

可以个别或批量将 MARC 屏幕显示格式转换为 ISO-2709 通信格式

四、制定各项操作规范

为保证编目数据符合国家标准的要求，制定了在标识过程中要执行的各项操作规范。

（1）规定数据元素的回车规则。目前，系统对数据元素的识别以回车为标志，因每一数据元素均需回车，与一般录入规则有所不同。如：

〖HT2H〗〖JZ〗〖BP（）<T，proper> BP）〗傅＝雷＝家＝书〖BP（〗

</T，proper>BP）〗

〖BP（）<Co，s-personal name> 傅敏 </Co，s-personal name> BP）〗

〖BP（）<D，s-personal r> 编 </D，s-personal r>BP〗〗

（2）对文件与书目数据排列次序不同的处理。印本文件的数据排列与书目数据的排列不尽相同，如著作方式，在印本上有时排列在著者之前，而书目数据规定著作方式必须在著者之后，因此作如下处理：

〖HT5F〗〖KG4〗主〖KG1〗编〖BP（）<C，p-personal name>〖BP〗杨医亚〖BP（</C，p-personal name>〖BP〗

〖BP（<D，p-personal d> 主编 </D，p-personal d>〖BP〗

（3）仅为书目需要的数据预先设置。对于印本文件中没有而书目数据需要的，可预先设置插入文本中，这样能减少大量标识操作。例如，

〖BP（<L，text l>chi</L，text l> BP）

〖BP（<ID，publishing codes of country>CN</ID，publishing codes of country> BP）

〖BP（<ID，publishing codes of region>110000</ID，publishing codes of region> BP）

（4）为适应著录规则的需要，作必要的技术处理。如《大众用药

手册》扉页列有主编张熙增等五个人名，则在张熙增后加注"等主编"标识，其他 4 人在书目记录中则不显示。

〖BP（<C，p-personal name>〖BP〗张熙增〖BP（</C，p-personal name>〖BP〗

〖BP（<D，p-personal r> 主编 </D，p-personal r>〖BP〗

〖BP（<D，p-personal d> 等主编 </D，p-personal d>〖BP〗

（5）逐步研制各种录入模板。每一书目数据需要标注的结构标签的数据元素约 40 个，虽有元素表可自动标识，操作量仍然很大。

若采取模板方式录入，则可大大简化操作。每个出版社的版本记录页大都有固定模板，可在原有录入模板上预先标注结构标签后进行书稿录入，丝毫不增加录入人员的操作难度，即可完成版本记录页的加注结构标签工作。

此外，内容简介、目次页和印本文件中没有的机读数据，也可预制模板，只需填写有关参数即可。这样，每种图书主要是对扉页的元数据进行标识处理，一般只有 6~7 项。因此，在排版文件上的编目工作比手工编目要减少很多，而所产生的书目数据比手工编目要准确得多。

五、实现中文图书"自动编目"的意义

中文图书实现"自动编目"对整个文献信息系统的各个环节（出版、发行、图书馆）都有重大意义。

（1）从中文图书制作的源头进行自动编目，在图书付印的同时，即可将书目记录在网上发布，以最快的速度供所有书商与图书馆使用，

有效地避免了重复编目的现象，节省了大量人力物力（目前每年全社会用于编目的费用在一亿元以上）。其体现了系统工程的思想，上道工序为下道工序创造提高效率的条件。

（2）如在在版编目阶段使用本软件，ECIP 功能即可得到实施，整个新书预报工作将出现崭新的面貌。"ECIP 问世将对编目界再一次产生革命性影响。"

（3）推进标准化，提高数字管理水平。在出版—发行—图书馆之间普遍存在的"原子—比特""比特—原子"的反复交换的问题有望获得解决。各家分别编目，因信息开发的深度不一，内容选取的范围不同，严重影响书目资源的共享。如果在出版物制作的源头产生的是符合标准的书目数据，各个环节就可直接以"比特—比特"方式交换信息，实现信息资源共享，真正做到"一家编目，大家使用"。

（4）CNMARC 与 DC 元数据的全面对应，使电子书的属性描述与书目记录的内容保持一致，为数字与非数字信息资源统一元数据格式创造了条件，有利于各方面制定元数据方案，实现数字与非数字信息资源的一体化处理。

（5）"自动编目"软件的研制成功，为"自动标引"的实现创造了条件。在自动编目过程中所提供的书目数据内容，可满足自动标引软件试运行的需求，从而加快开发进程。

（6）"自动编目"的实现，对金版工程、网上书店和数字图书馆的建设，均将产生积极的推动作用。尤其是"复合出版系统"的全面应用，其影响将更加深远。

尽快制定与实施 ECIP 计划[*]

我国图书在版编目（CIP）工作，自 1993 年开始实施，在整个出版业的共同努力下，到 2000 年已有了长足的发展，下列数字可以说明其进程：

年份	在版编目数据 / 种	当年图书出版量 / 种	CIP 的占比 /%
1993	3 200	66 313	4.8
1994	18 000	69 779	25.8
1995	25 000	59 159	42.2
1996	27 000	63 647	42.4
1997	28 000	66 583	42.0
1998	40 406	74 719	54.0
1999	74 761	83 095	90.0
2000	88 419		

2000 年编目量，较 1993 年增 85 219 种，增长 2663%，占当年图书出版量的比例也从 1993 年的 4.8% 增长到 1999 年的 90%。《中国图书在版编目快报》已成为社会各界了解新出版图书的重要工具，CIP 数据也已成为发行界和图书馆界编制征订与采访机读目录的主要来源。

---

* 本文发表于《出版经济》2001 年第 12 期。

所有这些成就，既包含了探索者的艰辛，也反映了出版事业的发展，标志着我国出版业在标准化与规范化的进程中迈出了一大步，为进入数字化出版、建设"金版工程"奠定了基础。毋庸讳言，目前 CIP 工作仍然存在覆盖面不全、处理周期过长、书目质量不高、效益发挥不够等一系列问题。值此新旧世纪交替之际，面对网络技术的挑战，我国出版业必然要上一个新台阶，CIP 工作也将有一个大发展，制定我国 ECIP 计划已势在必行。

一、ECIP 计划的内容

美国国会图书馆在推进数字图书馆进程中，首先实施了 ECIP（Electronic Cataloging in Publication）计划，即实现在版编目的数字化与网络化，大大提高了书目工作的效率与质量，对网络出版与数字图书馆建设产生了积极影响。我们与美国相比，各有所长。网络技术水平和资金投入，我们较差；对出版业的宏观管理力度，则稍强。如能扬长避短，在引进网络技术和投入一定资金的条件下，相应地调整运行体制，实现 CIP 操作的数字化，则有可能做得好一些。

目前，我们正在修订《图书书名页》和《图书在版编目》两项国家标准，新的标准即将公布实施。此际可同时要求出版单位将每本书的版权页、附书名页及目次页加注结构标签，这样，在完成图书排版的同时，也就产生了该书的数字化书目记录。出版单位只要将这一书目记录，（如有可能）连同该书内容简介、前言／后记的数字化文本，从网上传递到 CIP 中心，很快就可得到认定回执。由于这一书目记录除 CIP 数据外，还包含了版本记录、译著的原版本说明、丛书的有关事项、目次页和内容简介，资料非常丰富，在核定 CIP 数据时，有了较多的客观依据，从而可确保书目质量。

需要注意的是，版权页、附书名页及目次页的结构形式，与中国机读目录的通讯格式必须保持一致；标识内容必须符合有关国家标准。这样才能最大限度地实现图书资源共享，在网上发布后为全社会共同使用，其社会效益与经济效益将非常大。

这应是我国 ECIP 计划的基本内容。

二、实施 ECIP 计划的迫切性

对于图书在版编目工作，不能说"认识层面的问题已经不再成为问题"，否则就难以说明为什么相当一部分图书没有 CIP 数据。不少业内人士总是认为，制作 CIP 数据对发行界、图书馆界有利，对出版界只是添了麻烦，没有什么好处。仅仅为了执行国家标准，勉而为之，并没有把这一工作看成发展出版业的基础建设，所以做起来就不那么认真，到了"来不及的时候"，就把这件事情忽略了。

我国 CIP 工作在提高书目质量、扩大发行渠道、有利于图书馆建设等方面的作用已有所体现。作为出版管理的重要手段和在"金版工程"中的地位，还没有得到充分认识与发挥。我国的 CIP 工作，实际上起到了出版物登记的作用，通过 CIP 数据（以及随后的样书记录），不仅可以了解全年出书情况，还可了解各单位的漏号情况（书号使用情况不明）、重号情况（一号多用）、错号情况、漏缴样书情况。如与各单位选题计划逐一对照，还可了解选题计划执行情况、选题外出书所占比例，从而判断各单位选题计划的科学性。

当前正酝酿实施出版业的"电子底账＋联网核查"管理方法，以遏制盗版、造假活动。CIP 数据库是实施这一方法的基础。

上述所有作用，都要在 CIP 数据覆盖面全、报道及时、内容准确的情况下才能得到充分发挥。这样一个基础建设，以目前 CIP 中心的技术设备和工作条件是难以做到的，需要从上到下凝聚所有业内人士的共识，下大力气改变 CIP 中心的运行环境，克服重重困难去做好。实施 ECIP 计划已是刻不容缓的事情了。

三、出书前底账核查，出书后书目核对

前文已述及，CIP 数据是实现"电子底账＋联网核查"的基础，ECIP 计划应当包含这一部分内容。在调整 CIP 数据运行机制的同时，建立核查文件数据库，包括出版单位的印制委托书、书刊印刷许可证、跨地区印制的批件、图书发行经营许可证、图书发行销售合同等文件，建立"电子底账"（原件扫描，内容登记）。在出版、印刷、发行的每一环节，必须联网核查，并记录核查结果及相关数据。

覆盖齐全的 CIP 数据与核查文件组成的"电子底账"，必能及时发现各种造假活动，保护出版者和作者的合法权益，保证出版物市场的健康发展。

CIP 中心在核定出版单位申报的 CIP 数据时，将按 ISBN 号的顺序，查对缺号及重号情况，及时向出版单位反馈，出版单位应及时说明缺号或重号原因，加强对书号的管理。

CIP 中心对选题计划外图书，应列表报告有关主管部门备案。

图书出版后，版本图书馆按 CIP 数据查对样书，及时向出版单位

反馈缺书信息，出版单位应及时补缴样书，或说明该号无书的原因，逐步做到样书收藏与各社上报的统计数字保持一致。

所有这些工作的逐步实施，将使我国的出版管理进入一个科学化时代。

四、建立可供书目系统

对于我国出版业，仅仅有新书预报系统是不够的，全社会迫切需要一个覆盖面大、内容可靠的可供书目。国际上从 1948 年美国鲍克公司编印《在版书目》（books in print，又称"可供书目"）起，英、德、法、日等国均编有《可供书目》。这是我国出版业与世界的差距之一。可供书目系统的建立，和 CIP 工作一样，仍然需要出版业的共同努力。

这一工作看似简单，只要开发一个网络平台，各个出版单位将其库存情况登录上网并随时更新就可以了。但问题很多：一是每个出版单位自身要有完备的自动化管理系统，内部数据规范、准确，并能及时更新，才能保证网上数据的可靠性；二是每个出版单位要有参与的积极性，因为可供书目系统运作之初，经济效益不可能很大，而出版单位要做好这件事情，总要有一定的投入，得失之间，积极性不会很高；三是各出版单位均有数量不等的合作出书，这批书的进销存情况，出版单位并不掌握，难以提供；四是可供书目系统的维护费用相当可观，短期内难有回报，资金支持是一大问题。

因此，必须凭借 CIP 中心与各出版单位多年来的合作关系，也借助 ECIP 计划的网络平台，共同努力来填补这一空白，为我国出版业走向世界作出贡献。

回顾我国 CIP 工作的发展进程，对可供书目系统的建立应持乐观态度。目前的起步条件比 1993 年要好得多，无论认识水平、技术条件、人员状况，都有了很大提高。出版体制改革已到了一个关键时刻，急需改善书目信息的传播手段，现在正是建立可供书目系统的最佳时机。此外，全社会重视信息化建设的大环境，也有一定影响。只要我们踏踏实实去做，作为 ECIP 项目的延伸，肯定不用再花费 8 年时间，就能达到并超过 CIP 今日的水平。

五、为出版数字化开路

信息处理数字化的过程和自动化过程一样，也就是信息处理标准化与规范化的过程，实际上比自动化过程中对标准化与规范化的要求更加严格。很难想象，形形色色、五花八门的 EBOOK，每一用户都可使用不同的网络软件进行阅读。因此，出版数字化和数字图书馆的一个重大课题就是解决 EBOOK 的标准化与规范化问题。这将是一条漫长的路，涉及的问题千头万绪。从一个标点符号到某一数据元素的位置安排，加之汉字自身的诸多复杂因素，需要逐步统一各方意见，形成共同的处理方法，这里需要的是时间。

ECIP 的过程，可以是 EBOOK 转换过程的试验。ECIP 是 EBOOK 与 CDL（中国数字图书馆）之间的中介，既要满足图书馆界对书目记录的要求，又要适应出版界对图书的编辑处理方法。而双方至今均无自身的统一模式。ECIP 解决得好，对双方都将是一个推动。

以图书馆界的机读目录而言，对中文图书的处理，虽然都是应用源自 UNIMARC 的 CNMARC，文化部就此发布了行业标准，但在实际编目中，几乎每个图书馆都有自己的一些特殊做法，公开出版的各种手册就有 9 种，对文化部发布的标准中的 36 个字段提出不同意见。这些分歧得不到统一，ECIP 如何能满足每一家的要求？

出版界的情况就更不好说，关于版权页、附加书名页的新标准虽然即将公布，但从执行目前标准的情况看，也是五花八门，各行其是。修订标准过程中，意见也不一致，更何况多数人并未参与标准修订的讨论，实际操作中的一系列问题能否顺利解决，也还心中无数。ECIP 的实施过程，必将困难重重。

但这是一条必须走的路，如果 ECIP 都实现不了，那还谈什么 EBOOK，做什么 CDL ？为实现整个出版业的腾飞，ECIP 要先走一步。

论"标识性编目"*

一、描述性编目概述

文献编目是实现无序信息资源有序整合操作方法的主要部分，是揭示文献内容便于进行信息交流的重要手段，产生利用文献的检索工具，除文献目录外，还有索引、文摘，以及引文索引。相对于原始文献（一次文献），书目、索引、文摘称为二次文献。一次文献为对象数据，二次文献为元数据。

现行的信息交流活动，包括文献信息交流，是以信息接受者（即信息用户）为主导的过程，一般由信息服务机构按用户需求，对无序信息资源进行有序化整合，信息资源生产者则没有严格规定约束其行为。总的情况是：无序生产，有序管理。图书馆学就是研究如何将无序信息资源有序整合的科学，"这方面的研究是图书馆学的中心"，是研究文献进行著录（即描述）的方法。

现有《国际标准著录规则》（ISBD）就是基于对已有信息资源如何进行描述的规则，因而客观性原则是其第一准则，供信息收藏单位使用是其出发点，这种编目方式称为描述性编目。有的编目课程的教材就叫《信息描述》。并因其描述性特征，对信息源的要求非常严格。

---

* 本文发表于《数字图书馆论坛》2007 年第 5 期。

《中国文献编目规则》是遵循 ISBD 的，对普通图书的信息源规定为：

著录项目	规定信息源
题名与责任说明项	题名页或代题名页
版本项	版权页、题名页
出版、发行项	版权页、题名页
载体形态项	整部图书及附件
丛编项	版权页、题名页、封面、书脊、封底
附注项	任何信息源
标准书号获得方式项	版权页、图书其余部分

*《图书书名页》国家标准中，题名页为扉页，版权页为版本记录页。

二、描述性编目的操作

对图书的编目主要由文献收藏机构进行，编制馆藏目录（这可以说是"图书馆目录"课程名称的由来），进而产生由国家图书馆主持的统一编目（为减少编目费用）与反映各个图书馆馆藏信息的联合目录（为方便读者使用）。应用计算机后，出现了联机编目网络，如美国的 OCLC。此外，出版社与发行商还编制了商业用的图书目录。

学术论文的索引、文摘，主要由学术机构和专业团体编制，以工具书（刊）形式供人使用。应用计算机后，形成文献数据库，出现联机信息检索系统，如美国的 DAILOG。

应用计算机编目，虽然书目记录是数字形式的信息，但仍然是在文献出版后对文献进行著录，编目操作的描述性没有改变。

一、二次文献均属于文献信息系统，文献信息系统的构成情况大致如图1所示。

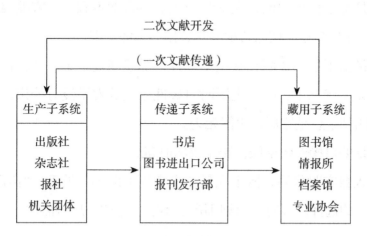

图1 文献系统的构成情况

信息的信息比信息本身的作用更大，市场价值更高，因而二次文献运营形成独立的产业。其规模比一次文献产业还要大，是文献信息产业的重要组成部分。

三、描述性编目之不足

由于二次文献是在一次文献产生后再次进行制作，因而存在诸多问题，尽管对文献编目投入很大，但仍不能满足使用者的需求。

一是时间滞后，二次文献总是在一次文献出现一段时间后方可制作完成，难以及时满足社会的需求。

二是多方录入加工，在操作上是重复劳动，增加了制作成本，并不可避免地出现校对上的错误。

三是只要有两个以上的单位对同一文献进行编目处理，就会有不同的书目记录，很难保持一致。

四是由于种种原因，在文献出版后编目做不到"一家编目，大家使用"。呼吁多年的信息资源共享，始终不能实现。

五是由于信息资源存在是第一性，描述规则是第二性，在信息资源生产无序状态下，图书出版时对属性数据的安排没有约束，加之描述规则的制定总是滞后，也很无力。

六是编目操作效率低，制作成本很高。

进入数字时代后，网上大量信息资源难以手工处理，"自动编目"成为必然的选择。现有编目规则自然不能适应这一形势需求。

四、对书目编制工作的改进

存在上述问题，主要是由于文献生产过程中元数据处理的无序状态。"文献生产被看成文献交流基本流程的开始。"从系统工程的观点说来，只要源头上处理好了，下面的工序就很好操作，所以就出现了图书在版编目数据、科学技术期刊编排格式、科学技术报告、学位论文和学术论文的编写格式等标准的制定，目的就是从文献生产环节解决书目数据制作中的问题。

其中，图书在版编目数据是做得比较好的。为解决图书出版后编制书目的滞后性问题，人们考虑在图书出版过程中即编制书目，于是出现了图书在版编目数据（Cataloging in Publication Data，CIP Data）。这是 20 世纪 70 年代初出现在图书版权页上的一个项目。在版编目的目的是在有关文献出版前，向出版商提供编目数据，以便使这些数据能够被印刷在该出版物中。通过这种办法，出版物和它的编目数据可以同时被图书馆、书商和其他需要这一数据的人们所利用。

在版编目的出现，反映了人们认识到从出版源头进行编制书目记录是改进图书编目工作的理想途径。为了做好 CIP 数据的编制，国际图联书目控制办公室制定了图书在版编目数据标准，并修订了图书书名页国际标准。由于美国国会图书馆已于 1969 年正式发行 MARC 磁带，因此，美国的 CIP 数据从一开始就应用计算机进行处理，并与 MARC 记录采用同样的机读格式。各国 CIP 数据的不断完善，并与国家图书馆的 MARC 记录共同建立联机编目网络，形成效益极高的社会化书目事业，对推动世界范围内的信息资源共享发挥了重要作用。

CIP 数据一直是由编目人员按照图书书名页和版本记录页的事项进行著录的，虽然编目操作提前了，但编制方法的描述性没有根本性变化。

进入数字时代后，美国国会图书馆从 1995 年开始实施 ECIP（Electronic Cataloging in Publication）计划，即利用印前电子文本加注结构标签方法，进行"自动编目"的尝试。这是该馆进行数字图书馆研究的重要准备工作之一。他们要求出版商提交加注结构标签的书名页、丛书页、版权页、目次页和章节页的电子文本，生成数字形式的 CIP 数据。

五、标识性编目概念的提出

自动编目是在图书印前电子文本上进行编目处理，具体操作是对其中的属性数据进行标识，而不是描述。二次文献（元数据）原本就在一次文献（对象数据）之中，XML 语言为在一次文献的电子文本中进行编目处理提供了技术条件，解决了一般数据库软件解决不了的结构化数据与非结构化数据混合在一起的问题，即可以只对属性数据进行标识，将非属性数据排除在外。这使从源头上进行书目数据制作、实现更大范围的信息资源共享成为可能。自动编目的软件技术已经有了解决方案，但还要有编目业务操作的相关规定，因而提出了标识性编目的概念。

在自动编目的数据处理中，ISBD 原则不完全适用。ISBD 面对的是已出版的图书，只能有什么就描述什么。自动编目处理的是图书付印前的电子文本，对其具有的属性数据进行标识。在制定相关标准时，可要求一种新出版的图书必须具有所要求的属性数据，使图书制作者有所遵循，在属性数据项目的设置上按规范要求处理。

面对这一情况，需要提出新的编目原则——标识性编目。除规定一种图书必须具有所要求的属性数据（即元数据），以保证书目数据的完整性以外，还提出一些原则性要求，如书目功能的社会性、项目设置的简约性、标识过程的可操作性等。

标识性编目不可能代替描述性编目，两者将长期共存。一是正式出版的图书方可先行标识，而文献收藏机构总有部分非正式出版的图书；二是对过去出版的图书，还只能进行描述性编目。

标识性编目与描述性编目的不同操作方式，以《中文图书采访工作手册》为例：

中文图书采访工作手册 李德跃 主编 北京图书馆出版社	出版　北京图书馆出版社（北京西城区文津街 7 号） 经销　新华书店 印刷　北京双桥印刷厂 开本　787×1092 毫米　1/16　印张　23 版次　2004 年 4 月第 1 版　2004 年 4 月第 1 次印刷 字数　540（千字）印数 1-5000 书号　ISBN 7-5013-2413-1/G·567 定价　50.00 元
扉页	版本记录页

描述性编目操作：

010	$a7-5013-2413-1$dCNY50.00
2001	$a 中文图书采访工作手册 $f 李德跃主编
210	$a 北京 $b 北京西城区文津街 7 号 $c 北京图书馆出版社 $d2004
215	$a352 页 $d787×1092 毫米　1/16

加粗字符是在编目软件中录入到相应子字段的信息源中的属性数据

标识性编目操作：

<T，proper> 中文图书采访工作手册 </T，proper>

<D，firstAuthor> 李德跃主编 </D，firstAuthor>

北京图书馆出版社

<P，place> 北京 </P，place>

出版 <P，name> 北京图书馆出版社 </P，name>

（<D，publisherAddress> 北京西城区文津街 7 号）</D，

publisherAddress>）

经销 新华书店 <Da，publication>2004 年 4 月 </Da，publication>

印刷 北京双桥印刷厂 2004 年 4 月 <D，pages>352 页 </D，pages>

开本 <D，size>787×1092 毫米 1/16</D，size> 印张 23

版次 2004 年 4 月第 1 版 2004 年 4 月第 1 次印刷

字数 540（千字）印数 1-5000

书号 ISBN<ID，ISBN>7-5013-2413-1</ID，ISBN>/G·567

定价 <D，ISBNprice>CNY50.00</D，ISBNprice>

"< >"中字符是在排版软件中对其中的属性数据插入的结构标签

六、标识性编目的特点

（1）在图书出版过程中编目。描述性编目是在图书出版后编目，因而滞后是必然的。标识性编目是在图书出版前进行标识处理、发布，用户可在图书发行前获得书目数据。

（2）对电子形式文献的数据进行属性标识，而不是对文献上的属性数据按一定规则进行描述，元数据与对象数据完全一致，从根本上消除了校对性的差错。

（3）强调书目数据需要什么，而不是有什么描述什么。标识数据标准将规定一种图书必须具有的数据属性，从而保证书目数据的完整性。自动编目处理的是图书付印前的电子文本，缺少的东西可要求补充。

（4）真正做到一家编目，大家使用。由于出版单位在图书发行前即提供了标准化的书目数据，发行商与图书馆可不用另行编目了。

（5）比特—比特的直接处理。标识处理是"比特—比特的直接处理"，在以计算机进行计算机排版印刷的条件下，再以其印刷版重新描述著录，总是 "比特—原子—比特" 的反复操作。而以其电子文本自动生成，不仅时间提前了，而且质量有了保证，成本也大大降低。这是提高交流效率的根本路径。

（6）自动化程度比描述性操作要高得多，可采用模块化方式处理。一种图书的书目记录，有 50 多个元数据。采用模块化方式，只需对 10 种左右元数据进行处理。

七、标识性编目的意义

（一）元数据与对象数据可融为一体

描述性编目产生的书目数据是在对象数据之外单独存在的，标识性编目产生的书目数据就在对象数据之中，二者融为一体。

（二）图书出版者同时是书目数据的生产者

过去图书目录是独立编制的，自动编目使两者逐渐合一，一次文献生产过程中产生二次文献改变了这一格局。目前，全文期刊数据库都包含索引、文摘、引文等数据，二者合一是未来发展趋势。图书出版商的情况也会向这个方向发展。

（三）可能会出现一种崭新的书目网络形式

一、二次文献的同时生产，可能出现一种崭新的书目网络形式，即由出版社、发行商、图书馆共同使用，一、二次文献同时提供，数字与非数字出版物统一发行的网络。

（四）书目质量将有显著提高

标识性编目产生的中文图书书目数据，内容将更加完整，包含内容简介与章节内容，附带封面图形文件，还可能有精彩页面，可对所有责任者进行标识。

（五）数字版与非数字版紧密连接

书目记录中明确指明该文献数据的保存与使用途径。

（六）无序生产有序整合的现象将得到改变

无序生产有序整合是一种社会现象，是信息资源生产贫乏时代的产物。人类社会是在不断调整秩序中发展的，各种法律、规章制度都伴随着社会的进步而产生。标识性编目的出现，是社会进步的表现。

八、需要做的事情

（一）标准制定

为推进标识性编目的实施，新闻出版总署在 2006 年已启动《中文图书标识数据》《中文连续出版物标识数据》等行业标准的制定，有望在 2007 年发布与贯彻执行。

文献编目规则需要根据这一情况加以修订，以反映标识性编目的需求。既要有一个不只要求信息接收方，还要要求信息生产方共同遵循的信息交流规则，维护社会活动的秩序，改变信息资源无序创造、有序管理的被动做法。

所以，需要所有信息资源创造者都遵循一定的信息处理标准，实现信息资源生产的有序化。如此，信息交流将无障碍。

（二）实际推动

一方面是自动编目软件的研制与推广，更重要的是出版单位提高对在出版过程中进行编目处理的认识，解决在具体业务处理过程中进行编目操作的各种问题，使这一关系整个社会进步的事情得以实现。

（三）理论研究

编目理论界要有创新意识，突破传统束缚。

首先是加强标识性编目的研究，突破描述性编目的局限。自动编目的实现提出了标识性编目的新概念，对此不能回避，要解决科学技术发展进程中出现的新问题。

其次是加强书目社会性研究，突破图书馆目录的框框。文献编目是社会性事业，出版、发行、图书馆、情报所等都是图书目录的编制者，必须改变"图书馆目录"的狭隘观念。

再次是加强自动编目研究，突破传统编目的束缚。数字图书馆需要解决自动编目的问题，但不能因为图书馆界做不了就不加以研究。

最后是加强元数据研究，主要是突破烦琐哲学，在新的条件下探索可满足检索要求的元数据设置。

ECIP，EBIP and ENBC：
现代书目建设路径探讨[*]

一、引言

    CIP（在版编目）、BIP（可供书目）和 NBC（国家书目控制），是三个不同又相互有关的概念。在迄今的操作运行中，三者之间并无实际的联系。虽然笔者从理论上曾有所探索，试图建立一个涵盖三者的信息资源共享书目系统（文献信息系统工程），但因无可支撑的应用技术与运行机制，未能实现。数字出版技术的发展，尤其是 ECIP 的出现，以及随后对 BIP 与 NBC 的相应改进，为三者的有机联系提供了新的前景。

    国际社会 CIP 与 NBC 的事情一般由国家图书馆承担，BIP 则由书目公司运营。随着数字技术在出版领域的广泛应用，为加强三者之间的联系，在线信息交换标准（Online Information Exchange，ONIX）组织应运而生，在书目标准化方面做了许多工作，以求在图书出版、发行和图书馆收藏诸环节的书目数据系统间建立有机联系，实现更大范围的信息资源共享。ONIX 已经取得了相当大的成就。

---

* 本文发表于《全国总书目》（2009 年）。

我国在 CIP、BIP 和 NBC 三个方面做了许多工作，取得了一定成绩，但也存在不少问题。而公众对 CIP、BIP 与 NBC 的功能需求不断增长，对建立完整的书目信息系统抱有很大希望。在数字出版技术广泛应用和出版体制改革深入进行的背景下，从我国的实际情况出发，由出版管理部门来主导建立一个包含 CIP、BIP 和 NBC 的完整书目信息系统，具备了技术上和体制上的条件。由于是以数字技术进行这些工作，故称为 ECIP、EBIP 和 ENBC。

二、实施 ECIP

从 1991 年 1 月执行《图书在版编目数据》国家标准以来，我国图书在版编目取得了很大成就，参与 CIP 编制的图书已覆盖当年出版总量的 90% 以上，成为报道新书出版最具权威性的书目。其在我国图书出版发行和书目事业建设中起了重要作用：①对国际文化交流作出贡献；②成为各种书目的共同准则；③提高文献机构的分编效率；④在人类历史上第一次实现了元数据与其所描述的对象合二为一。这些成就标志着我国出版业在标准化与规范化的进程中迈出了一大步，为进入数字化出版、实施数字复合出版工程奠定了基础。

但 CIP 数据的编制存在一些不容忽视的问题，影响其功能的进一步发挥。

（1）由于仅依据出版前有限的申报信息进行编制，就产生了书目质量不高，甚至所报书名不一定与实际出版的图书相同等问题。

按国际通行的做法，"图书在版编目是在图书编辑出版过程中，由出版社填写一张包含各项书目元素的表格，连同该书的全份校样，或该书的书名页、前言、内容简介等样张，送到国家集中编目部门，对该书进行编目，然后将该书的编目数据提供给出版社，印在图书书名页的背面。……编目所依据的是出版过程中的校样，所以称这项工作为图书在版编目。"

我国在实施 CIP 时，因出版社提出寄送校样比较困难，因而只要求出版社按照出版社端信息申报系统填报有限的要素信息。10 多年来，有关部门虽然采取了许多举措，但书目质量不高和所报非图书实名的问题一直难以解决。

（2）CIP 的编制工作与其他书目编制缺少有机联系，不能充分发挥其作用。

国际社会大都由国家图书馆承担 CIP 编制工作，因而 CIP 数据成为随后统一编目或联合编目的基础。我国是由中国版本图书馆承担此事，由于体制管理方面的因素，CIP 编目中心不仅未能与统一编目部门有机协调，而且与同属新闻出版总署的 ISBN 管理部门和本馆其他部门也很少联系。因此，CIP 数据就只能起到新书预报作用，对统一编目、《全国新书目》与《全国总书目》的编制和 ISBN 的管理，未能发挥应有的作用。

（3）已经编制 CIP 数据的图书是否实际出版，缺少反馈与公示要求，由此造成 ISBN 中心不能依据 CIP 数据库有效实时掌握书号的实际使用情况，使公众不能依据 CIP 数据预订图书并了解出版动态。

数字技术在出版领域的应用，形成了以数字出版为标志的出版业的新一轮革命，也为解决上述问题提供了条件。数字出版技术是以 XML 语言处理各种格式标签，形成所需要的版式，产生数字形态的图书（电子书），这一电子文本也可同时用于印刷纸质图书。利用这一技术，可以用

XML语言标识图书的属性元数据，即可产生该书的书目记录。美国国会图书馆依据这一原理提出了ECIP计划，开启了CIP事业的新征程。

实施ECIP技术，是出版机构在图书进入排版过程后，才提出CIP申请，这时已有了排版文件，由于传送方便，基本上解决了按校样编目的问题，不但可提高编目质量，书号实名申报的问题也迎刃而解。此外，实施ECIP技术需要完整的计划，建立功能全面的数字处理平台，这样可以和ISBN管理、《全国新书目》与《全国总书目》的编制建立有机联系，形成包含BIP功能的完整的出版书目管理系统，不仅前述问题能够解决，该系统还将发挥更大的作用。

因此，必须制订实施ECIP的周密计划，在相关管理部门与出版机构两个层面，调整现有的处理流程与操作方法，使所有出版信息的处理都在同一平台上实现。例如，把CIP申报与书号实名申领两个环节合而为一，在出版过程中相关数据元素可以不断修改，图书正式出版时，能及时将付印的含有相关元数据的电子文本上报，也就是所申领ISBN书号的实际使用信息。这样，BIP的开拓就有了基础，《全国新书目》与《全国总书目》的编制有了可靠的信息源，CIP的功能就将得到充分的发挥。

三、开拓 EBIP

BIP（Books in Print），意思为正在印刷或已经有印刷本的图书，译为"在版书目"，系供查询、订购图书用的工具。图书销售部门把它作为备查的工具书，又称为"现货目录"，国内习惯上多叫作"可供书目"，即有现成图书可供货的目录。

1948 年，美国鲍克出版公司创办的《在版书目》问世，专门报道美国市场上现售的图书。1965 年，英国惠特克公司的《英国在版书目》出版。20 世纪 70 年代，德国、法国、日本等相继出版在版书目。20 世纪 80 年代，全世界有 90 多个国家与地区的图书公司和出版社编印在版书目。进入 21 世纪以后，编制可供书目的国家更为广泛。

可供书目每周或每月出版一次，每季或每年出累积版。其特点是：①将新出版的图书收录进去；②保证书目中书价的正确性；③将绝版书、售缺书撤销，使其成为名副其实的现货目录。

我国出版业受计划经济影响，出版界对书目工作的重要性缺乏了解，对 CIP 只是当作任务完成，对 BIP 则很少关注，而是以各种非市场方式进行销售。这样很难做大出版市场，更难走向世界。

国内也有一些机构在编制可供书目上做过努力，但由于缺少出版社方面的配合，成效不大。在实施 ECIP 计划、加强 ISBN 管理、产生准确可靠的新出版图书的书目信息后，可以此为基础，开拓 EBIP 事业。

从国内外经验来看，做好"可供书目"编制工作需要解决好：①有一个权威的书目刊物；②出版社的主动配合；③全面、及时、准确的书目报道；④有效的服务方法。

（1）国内曾有一些单位出版过"可供书目"刊物，因无权威性而夭折。综观国内各种书目期刊，将《全国新书目》办成权威的书目刊物，是编制"可供书目"的最佳选择。

《全国新书目》是中国版本图书馆主办的新书书目报道刊物，中华人民共和国成立之初即创刊，已有 60 年的历史，在国内外有一定影响。目前为半月刊，但因系一般性的宣传报道，且覆盖面很不全，不具备图书发行功能，商业价值不大。《全国新书目》与《全国总书目》没有有机联系，两者的书目数据未能统一处理。

如将《全国新书目》定位扩展为"可供书目"，就可同时报道 CIP 与 BIP 数据，或每期分上下辑，或分单双号各自出版，除分别报道当期的 CIP 数据与 BIP 数据外，还公示已有 CIP 数据而图书未出版和已有 BIP 数据而图书停售的信息。在目前条件下，刊物的印刷版可只报道当期出版图书综述与部分图书评介，书目数据或以光盘形式提供，或在网上发布。网上还提供 BIP 的累计数据。

《全国新书目》的全年累计数据，就是《全国总书目》的基本数据源。

（2）对出版社的信息采集，要在加强 ISBN 管理的基础上实施。在出版社普遍改制的情况下，对 ISBN 的管理，可从政府行为调整为市场行为。每一出版机构与 ISBN 管理部门签订使用 ISBN 的协议，明确规定双方的权利与义务。凡经国家主管部门批准的出版机构，均有权使用 ISBN 进行图书出版。但出版机构要遵守 ISBN 管理部门的有关规定：以提交 CIP 数据的方式申领 ISBN 书号，办理所要出版图书的登记手续，在图书付印前上报所出版图书的完整书目数据，已申领书号的图书不出版时需将书号退回，不得自行改出其他图书，不得买卖书号等。如有违反，ISBN 管理部门可分别给予罚款、限制使用书号、暂停使用书号、取消使用书号资格等处理。

ISBN 管理部门将出版社上报的已出版图书的书目数据，委托《全国新书目》作为 BIP 数据发布。出版社所出版图书停止销售时，需通知《全国新书目》进行公示，以保证"可供书目"的可信性。

对"可供书目"体系的开拓，除 ISBN 管理部门与《全国新书目》

编辑部要进行周密的筹划与运营外，出版社也要进行一系列的改革。如对报道出去的图书，要保证供应，在没有宣布"绝版"或"停售"前，哪怕不惜工本专印一本也要维护自己的信誉。否则"可供书目"就没有权威性可言，也就没有存在的意义。

这能够促使出版社的管理上一个新台阶。目前，多数出版社对于本社哪些书"可供"、哪些书"绝版"不一定都很清楚，尤其是一些合作出版的书，库存家底情况出版社并不掌握，这种状况要得到改变，做起来难度不小。但要走向世界，要开拓中国图书的国际市场，就要与国际接轨，遵循有关的标准与规范，才能获得我们应有的地位。

（3）按照出版机构与 ISBN 管理部门使用 ISBN 协议的要求，出版机构需在图书付印出版的同时，将含有相关元数据的电子文本上报 ISBN 管理部门。这样的新书书目就是及时、准确的，当所有出版机构能认真做到这一点，"全面"就有保障了。但多年的经验说明，要求出版机构全面做到这一点是非常不容易的事情。因而，一方面要做好"可供书目"的运营，使出版机构能体会到参加可供书目活动给他们带来的好处；另一方面也要采取措施，加强 ISBN 使用协议执行情况的监管，推动出版机构重视这一工作。

（4）"可供书目"必须以商业化的方式运营方可发挥其作用。ISBN 管理部门不宜进行商业活动，《全国新书目》也缺少商业运行机制，因而以和相关企业进行合作、共同做好"可供书目"的商业化运营为宜。从目前的实际情况看，主要以网络运营商和图书发行商为合作对象。

《全国新书目》改称"可供书目"，不仅能进一步提高该刊的权威性，而且必然推动出版界实施一系列重大改革，提高服务质量，树立新的形象，获得更好的社会效益与经济效益，从而为出版业走向世界创造条件。

四、建立 ENBC

国家书目控制（National Bibliographic Control，NBC）是从国际书目控制（Universal Bibliographic Control，UBC）引申而来的。UBC"从书目的目的出发，控制人类已出版的全部文献"，也就是通过书目掌握各类型文献的情况及其被记录的特征，并有效地进行检索。这是国际社会普遍追求的一个目标。但只有各个国家具备了 NBC 的功能，UBC 的目标方可实现。

世界各国一般以编制国家书目、国家联合目录、国家联机书目数据库等手段，尤其是编制国家书目，实现 NBC 的目标。

中国版本图书馆从 1949 年开始编制的《全国总书目》在一定程度上起到了国家书目的作用。国家图书馆曾于 1985—1994 年编纂了《中国国家书目》，但只有阶段性的成果，未对 1984 年以前的书目进行回溯处理，1994 年以后即停止了国家书目的编制工作。所以反映新中国成立以来我国出版的图书目录，还是《全国总书目》相对比较全面。

《全国总书目》虽然起到了国家书目的作用，但编制的指导思想不是很明确，没有按照国家书目的要求进行操作。实际上，它只是中国版本图书馆的馆藏目录，并不能完整地反映新中国的出版情况。主要问题是：①没有确立完整反映当年图书出版情况的目标，满足于已是国内收藏版本最多的状况；②对本馆未能收藏的当年出版物没有从其他方面补充书目信息；③也没有利用 CIP 数据与《全国新书目》的成

图书馆学论文选集

果扩大书目信息源；④当年书目出版以后，几十年来一直没有做过增补工作，因而也就不能全面地起到国家书目的作用，更没有达到 NBC 的目标。

拥有全国已出版图书 85%~90% 的收藏虽说很是可观，但缺少 10%~15%，对出版总量已有几百万册来说，就少了几十万册图书的目录，其中可能有不少是非常重要的珍贵图书。这种状况必须加以改变，在现有技术条件与运行体制的支持下，也有可能得到改变。当前，应当抓住机遇，在实施 ECIP、开拓 EBIP 的同时，把《全国总书目》按国家书目的要求编好，进而建立 NBC 的书目体系。

首先，确定《全国总书目》完整反映当年出版情况的编制要求与运行体系。

（1）由这一要求规范其信息源：①本馆内的三方面资源，《全国新书目》的累积信息，馆藏样本信息，CIP 信息的追踪；②馆外三方面的补充，出版社方面，发行商方面，图书馆方面。

（2）在技术层面上，要和 CIP 审定、ISBN 管理、《全国新书目》编制、样本管理信息等在同一平台上操作与运行。以上各方面为《全国总书目》的信息源，《全国总书目》又以其丰富的信息集成支持各方面的工作，形成互动关系。

（3）在具体操作上，其信息采集和《全国新书目》是并行的，即随时积累 ISBN 中心所收书目信息。作为基本信息源，同时收集发行商书目信息与图书馆书目信息进行核对，发现遗漏情况或与书目不符现象，及时通报 ISBN 中心进行核实、处理，在年终汇总书目数据时，再以当年所用 ISBN 总量作一次全面核对。

（4）每年的《全国总书目》出版以后，要不断进行增补，即将从馆内外各个信息源新发现的该年度出版物的书目信息增补进去。

其次，做好历年《全国总书目》的增补工作。在完善《全国总书目》新的编制流程与方法的同时，对过去几十年的出版信息进行广泛的增补工作，尽量减少出版总量信息的差额，如减少到只有百分之几。

具体做法是将已有《全国总书目》的机读数据按 ISBN 号进行排序，对所有出版机构使用 ISBN 的情况作一次全面清理。每一出版机构从其 ISBN 后缀的第 1 号到当前使用的尾号，找出中间的缺漏号码。如该号未用，作为废号备案。如已出版图书，最好补缴样书，至少要将书目数据补报。在出版机构无法弄清楚的情况下，利用图书馆界的收藏目录核对，使之完善。

这是一件非常有意义的事情，可以使每个出版机构和整个国家的出版情况有个准确的记录，为出版事业的建设提供科学的基础数据。这也是一件非常艰巨的工作，需要多年的努力方可做好。

再次，逐步扩大为包含所有出版物的《全国总书目》。

目前的《全国总书目》只是图书，以后应当将期刊、报纸、音像、电子等都包含进来，还有少数民族文字的出版物，也需要完整地记录。

最后，形成包含非正式出版物和海外华文出版物的 NBC 体系。

在正式出版物的记录与报道工作有了坚实的基础以后，进一步将各种非正式出版物和海外华文出版物的书目信息加以采集，从而形成完整的中国 NBC 体系。

ENBC 是一项伟大的事业，只靠一个部门的力量是难以做好的，需要与各方面加强合作，依靠全社会的参与，共同做好这件事情。

综上所述，建立一个包含 ECIP、EBIP 和 ENBC 的完整书目信息系统，是出版业的一项重要工作与历史使命。作为国家出版行政管理机构，新闻出版总署非常重视出版书目事业的建设与发展，如 2005 年安排编制《中文图书标识规则》行业标准，即出于全面提高出版书目管理水平的考虑；2010 年又对有关书目机构进行调整，将 CIP 中心与 ISBN 中心合为一体，也是为了从体制上保证这一目标的实现。数字复合出版工程即将启动，各方面条件均已具备，建设一个具有国际先进水平的图书出版信息管理集成系统的时机业已成熟。

笔者认为，在大力推广《中文图书标识规则》的同时，从实施 ECIP 着手，以开拓 EBIP、建立 ENBC 为目标，将为我国国家书目的最终实现打下坚实的基础。

希望随着中国版本图书馆与新闻出版总署条码中心的重组，出版物信息管理实现"选题申报—ISBN 号实名申领—CIP 数据标识"全流程管理。我国国家书目事业的春天早日到来。

一尊还酹江月

—— "当代中国图书馆学研究文库" 第一辑总序

在 30 年前结束 "文革" 后的中国，和其他所有事业一样，图书馆学也获得了历史性的转折。经过批判、改革、恢复、建设，摆脱 "意识形态化" 的影响，挣破经验主义的束缚，走向科学化的发展道路。中国图书馆学进入了一个欣欣向荣的新时期。

在这一伟大进程中，一大批青年学者成为建设新图书馆学的主力军。他们 "雄姿英发，羽扇纶巾"，毫无旧传统的束缚，勇于提出新的见解，发表了许多 "石破天惊" 的佳作，推动我国图书馆学研究不断向前发展。其中涌现了不少杰出人才，他们成为新时期的弄潮儿。特别是在世纪之交的时候，现代信息技术的发展给图书馆学研究带来了许多新的问题，"数字图书馆" 等新的研究内容层出不穷。青年学者在这方面充分发挥了知识结构的优势，他们的研究成果具有鲜明的时代特征。

展现在我们面前的这十本文集，虽只是其丰硕成果中的一小部分，但已可看出他们的学术成就与青春活力。从毅然提出 "转变图书馆研究的方向"（张晓林），到以生命的代价 "追问图书馆的本质"（黄纯元），再到积极 "探索新图书馆学发展轨迹"（范并思）、深入进行 "中国图书馆学本土化的思考"（刘兹恒）、热烈 "呼唤新世纪" 的到来（吴建中）、实现"从传统向现代化的转型"（富平）、潜心钻研"数字技术应用"（朱强）、时刻关注"图书馆精神"（程焕文），或驰骋于"期刊领域研究"（叶继元），或在"知识产权研究"沃土上耕耘（陈传夫）。阅读这些文稿，不由产生了丰收的喜悦。

他们是幸运的，成长于新时代，受到良好高等教育与科学方法训练，有不同程度的跨学科与国外留学经历。这是他们的客观条件。

他们也是努力的，具有为事业献身的精神，崇尚理论与实践的紧密结合，辛勤劳动，刻苦钻研，善于与他人合作。这是他们的主观因素。

时代呼唤大师，时代也造就大师。大师就在这一代新人之中。中国图书馆学将在他们这一代走向世界。

这本文稿虽然不是每篇均为精品，但绝大多数都很有价值，是图书馆学发展新时期的历史记录。相信还有更多更好的佳作未曾齐集，需要我们继续发掘，以扩大收获。

东坡词云："多情应笑我，早生华发。人生如梦，一尊还酹江月。"

温故知新思未来

——《20世纪中国图书馆学文库》代序

一

在世纪交替之间，迎新辞旧之际，人们自然地回顾过去，思考未来。图书馆人也进行了研究历史的探索，出版了一些"百年纪事"之类的著作。但所论多较肤浅，未能深入展开。有的甚至叙述失真，结论有误。原因殊多，但史料缺失是其中之一。

由于许多图书馆是在 20 世纪 90 年代前后新建的，一些馆不仅民国时期的图书馆学著作未入藏，就是 80 年代的著作也收得很少，一些老馆民国以前的著作亦是不多。于是，出现了人们比较多的引用谢拉的《图书馆学引论》、阮冈纳赞的《图书馆学五定律》，却很少引用刘国钧的《图书馆学要旨》和杜定友的《图书馆学概论》的情况，这与谢拉、阮冈纳赞的著作在 20 世纪 80 年代出版过中译本，而刘、杜二先生的旧作未曾重印有一定关系。因此，多年以前就有不少专家建议加强图书馆学的史料建设。

加强图书馆学史料建设需要做的事情很多，首先要摸清家底，都有哪些资料，这就要有图书馆学专题书目与学术论文索引的编制，而且要有长期维护机制，然后按照对史料需要的程度，选择一些常用的图书期刊重印，重要的学术论文则要按专题重新编辑出版。这些都是非常重要而又极其艰难的基础建设工作，做起来非常不易。

就以重印旧作来说，20 世纪中国图书馆学著作（不含相关学科目录学、文献学、情报学）总数有 2200 多种，当然无须全部重印。但从中选择多少、选择哪些，对所选著作如何评介，都是具有一定难度的。虽然业界学人在 2003 年就曾在编辑《当代中国图书馆学研究文库》时提出此事，有关人员也曾多次商量，但终因难度较大而未能启动。但是，业界的需求却一直在催促我们将 20 世纪的图书馆学著作重印工作尽早开展起来。

到 2010 年，有人提出了分两步走的想法：第一步先选出一部分著作，原样重印，不作评介；第二步争取申请国家立项，组织专家对所选著作进行深入比较研究。目前先走第一步，这样可以起到保存文献的作用，有利于推进图书馆事业史与图书馆学史的研究。经与各方商定，以至今见到的国内图书馆学人于 20 世纪出版的第一部著作的时间（1909 年）为上限，以 1999 年为下限，选择 100 种左右作品，编成《20世纪中国图书馆学文库》予以出版。

为此，首先确定了《文库》的收录范围：以国人在中国出版的图书馆学基本理论、资源建设，分类、编目，读者服务，文献检索，自动化与数字技术应用研究的著作（含教材，不含论文集、工具书、分类表等非专著出版物）为限。相关学科目录学、文献学和情报学的著作一般不收，个别和图书馆学融为一体者酌收。

随后，通过各种途径，收集这一期间国内出版的图书馆学著作信息，编成书目。再根据业界对于这些著作的评价和被引用情况，提出了一份拟选书目清单。由出版社聘请业内专家反复讨论，确定了《20世纪中国图书馆学文库》的入选书目，经作者同意后，进行编辑出版。在文库编选过程中，所编书目也同时付印。这就为做好图书馆学史料建设工作迈出了重要的一步。

二

20世纪在人类历史长河中虽只是短暂的瞬间，但在这一历史时间段内中国发生了重大转折，整个社会的政治、经济、教育、文化、科学技术发生了广泛而深刻的变化。具体在图书馆领域，机构主体从藏书楼，到近代图书馆，再到电子图书馆；阅读对象的物质形态从雕版印刷的线装书，到铅活字印刷的现代书本，再到电子出版物；书目记录从簿本式，到卡片式，再到机读式；读者服务从劝人读书，再到限制发证，再到多馆通用一卡通；图书馆规模从几十、几百个，到几千、几万个，再到几十万个；办馆理念从私家藏用，到对社会开放，再到全民自由阅读。所有这些变化，都被记录在这一时期图书馆学人的著述之中。这些变化有何历史意义，对今人有何启迪，对未来有何指津，当有待今日图书馆学人去认识，去思考。

图书馆是社会的一部分，图书馆学研究也是认识社会与社会认识的一部分。无论是图书馆事业建设，还是图书馆学研究，都与社会（图书馆的生存环境）有着紧密的联系。

认识社会，可以从图书馆事业的变化与图书馆学研究的发展中，看到社会的进步、社会对图书馆产生的作用力。

社会认识则是以图书馆事业建设规模与图书馆学研究深度，折射出图书馆对社会产生的影响，对社会的反作用力。

图书馆是社会文化事业的一部分，图书馆学在研究如何推进图书馆事业发展的时候，必然要研究如何推进整个文化事业的发展，进而思考如何推进整个社会的发展。

图书馆学具有社会科学属性，也就充满了社会科学的人文精神。图书馆学又是实用性很强的学科，因而又有图书馆技术的研究。

对于近现代中国社会的发展变化、图书的发展变化、图书馆及图书馆学的发展变化，以及它们之间相互作用的研究，都需要我们认真整理、出版和研究近百年来的图书馆学著作，这是不言而喻的。

<h1 style="text-align:center">三</h1>

图书馆学的研究不断从其他学科成果中吸取养分，以推进本学科的发展，这是被图书馆学人所认同的。但图书馆学研究的成果，也对其他学科产生相应的推动力，人们在这方面，认识显得有所不足。

虽然图书馆学研究的是发展图书馆事业的基本理念和办好图书馆的具体方法，但这些理念和方法对其他学科，以至对整个社会，也有着积极的意义。

以分类编目而言，其他学科也有分类的研究，但以图书馆技术研究最为深入，成果最为丰富，对其他学科的分类研究有很大的影响力。而编目更是图书馆技术独领风骚，其他学科对编目的处理基本上采用的是图书馆技术的成果，互联网上各种元数据处理技术，无不源于文献编目方法。

文献检索方法的深入研究与文献检索教育的普及，是知识传播未端对前端反馈的典型表现，前者是搜索引擎设计的基本原理，后者是互联网在我国迅速普及的用户基础。

资源共享是图书馆学研究着力较多的方面，如今已成为全社会普遍使用的关键词。

以上所述，在1909—1999年的图书馆学著作中都有所涉及，在本文库的作品中，程度不同地进行过讨论。因此，文库对于研究图书馆学在科学发展中的普遍作用无疑是非常重要的。

四

对于图书馆学研究的发展，有各种各样的描述。国际上有不同流派，国内则是许多"××说"，从而对图书馆学理论体系、研究对象与研究方法形成不同见解。

但是有一本书可能被忽略。在2200多种图书馆著作中，以图书馆学为书名的，包括概论、通论、新论、要旨、基础、讲稿等，有上百种，而以图书馆技术为书名的只有苏联青年图书馆学家克连诺夫的《图书馆技术》一种。作者在自序中写道：是按照克鲁普斯卡娅所说"很多事情，如图书馆的保藏，最大限度地使用图书财富满足读者的需要，以至图书馆的政治面貌，都要取决于图书馆技术问题"而编写该书的。

科学技术包含科学与技术两个层次，科学是理论研究，探索自然规律；技术是由自然规律转化而成的知识与方法。

研究图书馆发生、发展的规律，是理论研究，属于科学的范畴；而研究办好图书馆的具体方法，应属于技术范畴。

这样说来，把图书馆学科分为图书馆学研究与图书馆技术研究两个层次，是否比分为基础研究与应用研究两个层次要好一些？把两个层次的事情放在一个大的体系中，总是不太好展开。

例如，提倡图书馆学走出图书馆的"理念学派"，批判对图书馆技术方法的研究是经验主义，而众多图书馆实际工作人员又批判"理念学派"是脱离实际的空话。这是把两个层次研究的内容放在了一个范畴内讨论，说的不是一回事。

再如，无序资源的有序整合，是图书馆技术的核心概念。但若以此作为图书馆学区别于其他学科的特点，则又不妥。这方面应当怎么认识，在已有的论著中有不少说法，需要在各方专家广泛讨论的基础上进行梳理，形成共识。在这方面，文库的出版显然是很有意义的。

五

1900—1999 年，图书馆学著作出版总数按已有书目统计共 2266 种。其中，晚清 4 种，民国时期 782 种，中华人民共和国成立后 1480 种，出版数量分阶段计算呈上升趋势。从分年代的统计看，发展是不平稳的。若画成曲线分布图，则既有高峰，也有低谷。高峰期为 20 世纪二三十年代与 20 世纪八九十年代；低谷期为抗战前后与"文革"前后（见表 1）。

高峰的出现，是在社会处于经济、文化发展时期，是图书馆人努力的成果；低谷则不是图书馆界与图书馆人自身因素造成的。

表1　1900—1999年图书馆学著作统计

时间/年	数量/种	时间/年	数量/种
1900—1909	2	1950—1959	79
1910—1919	20	1960—1969	3
1920—1929	121	1970—1979	18
1930—1939	459	1980—1989	476
1940—1949	195	1990—1999	893

1937年抗日战争全面爆发后，图书馆学著作出版数量急剧下降，出版单位与书稿被毁无数，至1945年后方有复苏。日本侵略者对中国图书馆学著作出版的摧残，对中国图书馆事业的破坏都是毁灭性的。

20世纪六七十年代，有16年（时值"文革"前后）图书馆学著作的出版数量为"0"。这16年对我国图书馆学著作出版的破坏性影响是巨大的，我们在研究历史时不能忘记这一惨痛的教训。

论著年表

1980 年

加强图书馆的科学管理，提高为读者服务的质量（《黑龙江图书馆》1980 年第 4 期）

谈谈计算机在图书情报工作中的应用（《情报科学》1980 年第 3 期）

高校图书馆如何做好在职干部的培训工作［《图书馆业务研讨会（陕西）》1980 年 8 月］

高校图书馆要积极做好应用计算机的准备工作［《图书馆业务研讨会（陕西）》1980 年 8 月］

积极开展计算机化的检索服务（《北京大学图书馆科学讨论会论文集》1980 年 5 月）

1981 年

关于举办"图书馆应用计算机培训班（初级）"的情况（《北京大学图书馆自动化部工作汇报》1981 年 4 月）

北京大学图书馆的学生教学参考供应工作（《高校图书馆工作》1981 年第 3 期）

也谈图书馆专业人才的培训问题（《吉林省图书馆学会会刊》1981 年第 2 期）

高校图书馆要做好情报服务工作（《北京大学学报》1981 年第 6 期）

图书馆自动化：参考资料（编辑）（北京：北京大学，1981 年 2 月）

1982 年

论机编西文新书联合通报（《计算机与图书馆》1982 年第 1 期）

北京地区西文图书机读目录研制的进展（《一九八一年研究成果汇编》1982 年 3 月）

对提高西文图书编目工作效率的几点看法（《江苏图书馆工作》1982 年第 4 期）

1983 年

北京地区西文图书机读目录研制进展（《图书情报工作》1983 年第 5 期）

图书馆网与计算机的应用（《计算机与图书馆》1983 年第 4 期）

北京大学图书馆应用计算机的试验工作及今后设想（《西文图书编目标准化与自动化研讨会会议录》1983 年）

向着标准化与自动化的方向前进（《大学图书馆通讯》1983 年第 9 期）

西文图书编目标准化与自动化研讨会会议录（编辑）（北京：北京大学，1983 年）

1984 年

图书馆学教育要适应图书馆自动化建设的需要（《大学图书馆通讯》1984 年第 3 期）

图书馆系统分析概要（《图书馆学刊》1984 年第 3 期）

高等学校图书馆应当设立学生分馆(《高校图书馆工作》1984 年第 3 期)

新技术革命中的思虑(《大学图书馆通讯》1984 年第 6 期)

国外八十年代初图书情报工作自动化的情况(《2000 年的中国研究资料第 18 集:我国图书馆事业的发展及与国外的差距》1984 年 2 月)

WLN/RLG/LG 链路系统计划(《计算机与图书馆》1984 年第 2 期)

1985 年

应用计算机试验编制"北京地区西文新书联合通报"的成就、存在的问题与改进意见(《图书情报工作》1985 年第 4 期)

京区高校图书馆网络刍议(《大学图书馆通讯》1985 年第 2 期)

北京大学图书馆应用计算机系统分析报告(摘要)(《现代图书情报技术》1985 年第 1 期)

国家图书馆、省市自治区图书馆应当办成为研究图书馆(《黑龙江图书馆》1985 年第 1 期)

放眼未来更高攀(《资料工作通讯》1985 年第 1 期)

宏观思维、系统工程、经济效益与图书情报事业的建设(《图书馆学研究》1985 年第 2 期)

重视发展文献信息产业(《图书情报工作》1985 年第 2 期)

建立图书馆自动化系统中的系统分析工作(《吉林省高校图书馆通讯》1985 年第 2 期)

发挥图书馆在两个文明建设中的作用(《光明日报》1985 年 7 月 25 日)

图书馆在改革中必须端正业务指导思想(《图书馆界》1985 年第 3 期)

进一步发挥图书馆为两个文明建设服务的作用(《情报资料工作》1985 年第 5 期)

全国图书馆工作会议在京召开（《情报资料工作》1985 年第 5 期）

党校应开设文献检索与利用课程（《情报资料工作》1985 年第 6 期）

积极推广计算机激光照排技术（《出版工作》1985 年第 9 期）

出版系统与电子计算机（合著）（北京：北京现代管理学院，1985 年）

1986 年

"机器著书"与"信息革命"（《中国图书评论》1986 年第 1 期）

开展宏观图书馆学的研究（《图书情报研究》1986 年第 1 期）

编制"全国图书征订目录"的设想（《图书发行》1986 年第 185 期）

抓好体制改革，推动技术改造（《出版工作》1986 年第 7 期）

关于我国图书馆网络建设（《图书馆学通讯》1986 年第 2 期）

社科情报工作改革的出路在自动化（《情报资料工作》1986 年第 3 期）

关于建立我国出版、发行、图书馆综合书目系统的一些设想（《图书情报工作》1986 年第 3 期）

图书馆学与文献信息学（《图书馆研究与工作》1986 年第 4 期）

图书馆系统分析（译）（北京：北京大学出版社，1986 年 3 月）

1987 年

图书馆学和文献信息学（《图书馆学基础理论》1987 年 1 月）

把握时机、推动电子照排技术的实际应用（《出版工作》1987 年第 2 期）

建立国家文献信息系统（《情报资料工作》1987 年第 2 期）

实现资源共享对高校图书馆的现实意义（《大学图书馆通讯》1987 年第 2 期）

对改变检索刊物出版周期过长的设想（《晋图学刊》1987 年第 1 期）

图书馆系统分析概论（合著）（北京：书目文献出版社，1987年10月）

1988年

计算机在出版系统中的应用（《出版发行研究》1988年第3期）

论建立我国综合书目信息系统（《UAP国内学术讨论会论文集》1988年）

我国图书馆自动化的现状与展望（《黑龙江图书馆》1988年第4期）

开发商品化软件包，推动我国图书馆自动化的发展（《大学图书馆通讯》1988年第5期）

我国图书馆协作发展概述（《图书馆学研究》1988年第6期）

我国图书馆自动化的发展历程及今后的策略［《图书馆新技术应用国际学术讨论会文选》（中文本）1988年9月］

图书出版的艺术与科学（合译）（太原：书海出版社，1988年4月）

陈源蒸论文选（著）（成都：成都东方图书馆学研究所等，1988年）

1989年

图书馆自动化技术研究综述（《中国图书馆事业十年》1989年9月）

宏观图书馆学（著）（北京：北京大学出版社，1989年9月）

1990年

关于加快中文文献数据库制作进度的几点思考（《图书情报工作》1990年第2期）

抓紧时机，加快中文图书机读目录的制作进程（《大学图书馆学报》1990年第1期）

中国科学院文献情报系统的自动化建设（《中国科学院文献情报工作发展战略研究》专题研究报告之十四，1990年4月）

1991 年

中国图书馆自动化进展：1990（《图书情报通讯》1991 年第 1 期）

"中关村地区文献信息系统"开题报告（系统论证会资料）（1991 年 1 月）

图书在版编目（CIP）项目软件开发与运行情况报告（1991 年 10 月）

加快中文文献数据库制作的一种方法——检索性书刊排版与造库系统（《文献情报自动化》1991 年 11 月）

中文图书机读目录主题标引采用后控规范的设想（《中国图书馆学报》1991 年第 4 期）

分布式图书馆自动化集成系统（DILAS）设计报告（系统鉴定会资料）（1991 年 12 月）

中国图书馆自动化进展：1991（《图书情报通讯》1992 年第 1 期）

情报检索论文选（合编）（北京：书目文献出版社，1991 年 5 月）

1992 年

《中国机读目录通讯格式》存在的问题与修改建议（《图书馆建设》1992 年第 5 期）

关于计算机编目的几个问题（《大学图书馆学报》1992 年第 6 期）

推进我国电子出版物的生产（《中国出版》1992 年第 10 期）

中国图书馆自动化进展：1992（《图书情报通讯》1993 年第 1 期）

1993 年

北京各类图书馆自动化进展（《北京各类型图书馆志》1993 年 3 月）

大陆图书馆事业自动化之发展近况 [《图书馆学与资讯科学（台北）第 19 卷第 2 期（1993 年 4 月）]

我国图书馆自动化系统软件的发展（《大学图书馆学报》1993 年第 4 期）

中文工具书大词典（副主编）（哈尔滨：黑龙江人民出版社，1993 年 9 月）

1994 年

电子出版物与文献数据库（《中文文献数据库国际研讨会论文集》1994 年第 3、4 期）

图书在版编目；书目数据的标准化与规范化（著）（北京：北京大学出版社，1994 年）

1995 年

图书在版编目的实现与发展（《图书情报通讯》1995 年第 1 期）

1996 年

面向 21 世纪的中国公共图书馆（《北京'96 图书馆自动化发展研讨会论文》1996 年 5 月）

中国联机编目网络的建立与发展（《北京电子信息时代导刊》1996 年第 8 期）

中国联机编目网络的建设（《第一届中美图书馆合作会议论文》1996 年 8 月）

1998 年

邓小平研究著作总览（责任编辑）（北京：学习出版社，1998 年 4 月）

1999 年

《建国五十年中文图书书目光盘》的研制（生涯 68）

2000 年

我国图书馆自动化的先驱——纪念刘国钧先生诞辰 100 周年（《图书情报工作》2000 年第 1 期）

数字化图书馆建设是长期的奋斗目标（《图书馆学刊》2000 年第 1 期）

中国联机编目网络的建立与发展（《图书馆学研究》2000 年第 2 期）

合作编目项目可行性报告（2000 年 2 月）

建立数字化图书馆需要重视基础建设（《现代图书情报技术》2000 年第 4 期）

电子出版物的发展对图书馆产生的影响——兼论对数字化图书馆的认识（《现代图书情报技术》2000 年增刊）

"馆藏资源数字化"与"社会资源馆藏化"的抉择（《大学图书馆学报》2000 年第 4 期）

编制中文报纸机读目录的几个问题（上）（《国家图书馆学刊》2000 年第 4 期）

数字化出版与数字图书馆（《出版经济》2000 年第 5 期）

中文期刊大词典（副主编）（北京：北京大学出版社，2000 年 3 月）

2001 年

编制中文报纸机读目录的几个问题（下）（《国家图书馆学刊》2001 年第 1 期）

中文文献计算机编目歧见综述（《国家图书馆学刊》2001 年第 3 期）

数字图书馆与中文图书内容分析著录（《中国图书馆学报》2001 年第 4 期）

数字图书馆的信息资源建设（《图书馆学刊》2001 年第 5 期）

ECIP 的实现及其意义（《全国新书目》2001 年第 9 期）

编制"在版书目"——中国出版业走向世界的一个重要问题（《全国新书目》2001 年第 12 期）

尽快制定与实施 ECIP 计划（《出版经济》2001 年第 12 期）

图书馆的围墙何时拆除（《图书与情报》2001 年第 4 期）

中文连续出版物机读目录著录细则（主编）（北京：华艺出版社，2001 年 8 月）

2002 年

推行 ECIP 计划　实现中文图书"自动编目"（《图书馆学刊》2002 年第 1 期）

eCIP，eBook 与 eLibrary（《国家图书馆学刊》2002 年 10 月第 4 期）

关于 CNMARC 格式调整的构想（《图书馆学刊》2002 年第 6 期）

对我国开发知识性 eBook 战略的探索（《出版经济》2002 年第 9 期）

永远的怀念（《金色回想　悠悠情深——庆祝北京大学图书馆百年华诞老职工回忆录》2002 年 10 月）

2003 年

中文图书 ECIP 与自动编目手册（编著）（北京：北京图书馆出版社，2003 年 3 月）

2004 年

重视出版数字资产的管理（《出版经济》2004 年第 6 期）

中国图书馆百年纪事（1840—2000）（主编）（北京：北京图书馆出版社，2004 年 5 月）

图书馆采访工作手册丛书（主编）[北京：北京图书馆出版社，2004 年（出书 4 种）]

2005 年

中文图书自动编目的实现（《中国图书馆学报》2005 年第 1 期）

编制中国"在版书目"的迫切性（《全国新书目》2005 年第 1 期、《开卷文摘》2005 年第 64 期）

刘国钧图书馆学思想研究（《中国可供书目》2005 年第 6 辑）

中文图书自动编目系统应用 DC 元数据的几点思考（《图书馆学刊》2005 年第 2 期）

当前研究图书馆资源建设需要处理好的几个关系（《图书馆馆藏建设论文集》2005 年 9 月）

数字图书馆非图书馆（《大学图书馆学报》2005 年第 4 期）

认真做好出版社的书目工作（《全国新书目》2005 年第 10 期）

读于良芝图书馆学导论（《图书馆杂志》2005 年第 12 期）

数字图书馆概念分析（《数字图书馆论坛》2005 年第 12 期）

中国可供书目（编委会主任）（北京：科海电子出版社 2005）

2006 年

数字时代的图书馆丛书（编委）[北京图书馆出版社 2006（出书 7 种）]

也谈复合图书馆的研究（《图书馆学刊》2006 年第 3 期）

在图书排版过程中实现"自动编目"（《数字图书馆论坛》2006 年第 3 期）

学术期刊的双轨出版体制（《数字图书馆论坛》2006 年第 5 期）

关于"要素说"及图书馆学的研究对象（《中国图书馆学报》2006 年第 4 期）

"文献编目"不应只是"图书馆目录"（《大学图书馆学报》2006 年第 5 期）

《高校图书馆现代化之探索》序（2006 年 3 月）

一尊还酹江月（《当代中国图书馆学研究文库》第一辑总序 2006 年 6 月）

2007 年

交流理论的形成、发展及其意义（《国家图书馆学刊》2007 年）

论"标识性编目"（《数字图书馆论坛》2007 年第 5 期）

当代中国图书馆学研究文库（主编）（北京：国家图书馆出版社）

第一辑（2007 年出书 10 种）

第二辑（2008 年出书 8 种）

第三辑（2010 年出书 12 种）

第四辑（2015 年出书 8 种）

2008 年

重读图书馆学要旨（《中国图书馆学报》2008 年第 1 期）

2010 年

中文图书标识规则（北京：中国书籍出版社，2010 年 1 月）

实施中文图书标识规则（全面提高我国出版书目管理水平——在中国版本图书馆成立六十周年纪念会上的发言，2010 年 7 月 24 日）

ECIP，EBIP 和 ENBC：现代书目建设路径探讨［《全国总书目》（2009）2010 年 11 月、《图书馆报》051 期（2011 年 1 月 7 日）A26 版］

2011 年

数字复合出版工程对图书馆的影响——2011 年北京图书订货会高峰论坛发言

2012 年

数字技术在出版业应用的几个问题（《大学图书馆学报》2012 年第 6 期）

2013 年

温故知新思未来（《20 世纪中国图书馆学文库》代序）（《中国图书馆学报》2013 年第 1 期）

20 世纪中国图书馆学文库（主编）［北京：国家图书馆出版社，2013 年 7 月（收书 102 种）］

20 世纪中国图书馆学书目（北京：首都师范大学出版社，2013 年 7 月）

数字复合出版技术探索（北京：北京出版社，2013 年 7 月）

2017 年

新华书店是我接受革命理想启蒙的地方（为纪念新华书店成立 100 年而作，2017 年 3 月）

我与人天书店（《解读人天档案》，北京：社会科学文献出版社，2017 年 7 月）

2023 年

怀念王重民老师（《王重民先生百廿诞辰纪念文集》北京大学信息管理系，2023 年 10 月）